원래 게으른
사람은 없다

결국, 나의 행복도 불행도 내가 만드는 것이다

원래 게으른 사람은 없다

임주영 지음

바른북스

사람마다 성격, 행동, 기호, 삶의 방식이 제각기 다르다. 그렇기에 부지런한 삶을 사는 사람이 있는가 하면, 게을러 만사가 귀찮은 듯 빈둥거리며 사는 사람도 있다. 물론 단정할 순 없지만, 일반적으로 게으른 사람은 삶의 의욕이 낮을 가능성이 크다. 삶의 의욕이 부족하여 게으른 삶을 택할 수도 있는 것이다. 대부분은 주변 사람들이 부지런한 삶을 살아가기를 바랄 것이다. 주변 사람들이 부지런해야 얻을 수 있는 이점이 조금이라도 더 많기 때문이다. 또한, 자신이 조금이라도 더 편안한 삶을 살 수 있기 때문이다. 예를 들어 회사 동료 중 누군가 게을러서 맡은 일을 제대로 처리하지 못한다면 다른 사람이 대신해야 할 수도 있다. 가족 구성원 중 누군가 부지런하면 다른 가족 구성원은 보다 편안한 생활을 누릴 수가 있다. 타인이 부지런해야 내가 이득을 얻기에, 많은 이들이 은연중에 그것을 바라는지도 모른다. 가령 집안에 어머니가 게으르다면, 가족들의 식사를 제때 챙기지 못할 수도 있다. 또한 아버지가 게을러 마땅히 해야 할 경제 활동을 제대로 수행하지 못한다면, 가족 간의 갈등이 불거질 수도 있다. 그렇게 되면 가족 모두가 고된 삶을 살아가게 된다. 그렇기에 나 역시도 좀 더 편안한 삶을 위해, 내 주변 누군가는 부지런하기를 소망한다. 배우자를 선택할 때, 자신은 다소 게으를지라도 상대방은 부지런한 사람이기를 바랄 것이다. 상대방으로 인해 자신이 얼마나 편안하게 살며 이득을 얻을 수 있을지 헤아리게 된다. 결국 사랑으로 결혼한다고 말하지만, 현실을 고려하면 득실을 따지지 않을 수 없는 것이다. 득실을 따지다 보면, 사랑하지만 결혼 상대로는 적합하지 않다고 여겨 연애만 하는 경우가 종종 보이기도 한다. 누구나 이기적인 마음이 있기에, 그러한 생각은 대부분의 사람들이 같을 것이라 여겨진다.

가난한 시골 농부의 7남매 중 여섯째로 태어난 나는, 어려운 형편에 부모님을 돕고자 어릴 때부터 궂은 밭일과 집안일을 마다하지 않았던 듯하다. 부모님의 혈을 받아서일까!

선천적으로 부지런한 사람으로 태어났을 수도 있다. 하지만 어릴 적부터 잠이 많았던 나는 어디서든 잘 잤고, 학교에 가면 수업을 제대로 듣지 못할 정도로 매일 졸기 일쑤였다. 수업에 집중하지 못한다고 여러 선생님께 혼났던 기억이 지금도 생생하다. 졸음을 참지 못해 공부 시간에는 아예 엎드려 자기까지 했다. 심지어 시험을 볼 때도 졸다가 시험을 제대로 보지 못해 망친 적이 있을 정도였으니 짐작할 만하다. 너무 졸려 하는 나를 안쓰럽게 여긴 엄마는 시골 동네 약국에서 졸음을 쫓는 약이라며 핑크색 알약을 사다 주시기도 했다. 학창 시절, 공부 시간이 너무 괴로워 졸음을 쫓기 위해 그 약을 먹기도 했다. 그런데 그게 다가 아니었다. 운전이 서툴렀을 때도 운전대만 잡으면 어김없이 졸음이 쏟아졌다. 대부분 졸음이 쏟아져도 초보 운전 때는 정신이 번쩍 든다지만, 나는 어찌나 졸리는지 그 이유를 도무지 알 수가 없었다. 졸음은 끊임없이 나를 괴롭혔다. 결국 초보 시절, 졸음운전으로 사고를 내고야 말았다. 경부고속도로에서 10미터가 넘는 낭떠러지 아래 논바닥으로 굴러떨어지는 교통사고가 발생한 것이다. 깜빡 졸아 핸들을 놓치는 순간, 차는 휘청거렸고 '이제 죽는구나!' 생각했는데, 잠시 후 기적처럼 하늘이 도왔을까! 전복된 승용차는 네 바퀴를 하늘로 향한 채 멈춰 있었다. 다행히 안전벨트 덕분에 손가락 하나 다치지 않았다. 게다가 혼자 타고 있었기에 얼마나 다행이었는지 모른다. 나는 누구의 도움도 없이 흙투성이가 된 채 차 밖으로 기어 나올 수 있었다. 지금도 그때 일을 떠올리면 심장이 멎는 듯하다. 초보 운전 시절, 졸음운전이 얼마나 무서운지 뼈저리게 깨달았다. 덧붙여 말하자면, 남편과 결혼 전 드라이브 데이트를 하던 중 졸음이 쏟아져 조수석에서 여러 번 잠들곤 했다. 만난 지 얼마 안 된 사이였는데도 말이다. 남편은 지금도 가끔 그때 일을 이야기하며 나를 특이한 여자로 봤다고 말하곤 한다. 그만큼 나는 잠과 힘겨운 싸움을 하며 살아왔다.

대체로 잠이 많은 사람은 게으른 생활 습관을 보이는 경우가 흔하다. 잠자는 시간이 많아 정작 해야 할 일을 못 하게 되니, 게으르다고 여겨질 수도 있다. 나이가 들면서 잠은 좀 줄었지만, 여전히 아무것도 하지 않고 있으면 잠을 자고 싶다는 생각이 든다. 신기하게도 졸려서 모든 것이 귀찮다가도, 억지로 하기 싫은 일을 하다 보면 어느새 졸음이 사라지곤 한다.

게다가 어릴 적부터 몸이 허약했던 나는 자주 쓰러지곤 했다. 직장 생활 중 20대 초반에 다친 발목 부상의 후유증은 30~40대까지 이어졌다. 출산 후 온몸이 저리고 쑤시는 통에 한여름 뙤약볕 아래에서도 긴 소매 목티를 입고 지내야 했다. 그로 인한 우울감은 삶의 질을 저하시키는 것은 물론, 무기력감과 함께 미래에 대한 불안감을 떨치기 힘들게 했다.

그랬던 내가 어느덧 50대 중반을 넘기고 있는 지금, 내 삶은 완전히 달라졌다.

지금도 완벽하진 않지만, 세월이 흐를수록 아파야 할 몸을 잘 다스린 덕분일까! 예전보다 훨씬 활기차고 건강한 삶을 누리고 있다.

나는 버스 기사로 일을 하고 있다. 게다가 몇백 평 텃밭을 일구며 농사짓는 재미에도 푹 빠져 산다. 때로는 축구를 즐기고, 자연이 주는 즐거움을 만끽하며 들과 산, 개울가를 누비는 재미에 푹 빠져 살아간다.

하루 24시간이 모자랄 정도로 바쁜 일상 속에서도 몇 년째 블로그를 운영한 덕분에 최근에는 몇 번의 방송 출연도 하고, 버스 관련 서적을 출간하기도 했다. 가끔은 게으름을 피울 때도 있지만, 대체로 부지런하게 살아갈 수 있었던 데에는 분명 그럴 만한 까닭이 있었다.

이처럼 바쁘고 부지런히 살아가는 이유는 내 안에 그 무엇인가가 있기 때문이라고 생각한다. 내게 그것이 없었다면 퇴근 후 술을 마시거나, TV를 보고, 유튜브 영상을 시청하거나, 카톡을 하고, SNS 또는 게임에 빠져 살았을지도 모른다. 그러다 잠이 들어 몸은 만신창이가 되었을지도 모른다. 이전에 그런 삶을 살아봤기에, 어느 순간 그것이 어리석은 삶임을 깨닫게 되었다. 움직이지 않으면 온몸이 굳어버리는 듯한 느낌에, 움직이는 것만이 살길이라 여기며 살아가게 되었다. 주변에서는 몸을 너무 혹사한다는 말을 하곤 한다. 그렇게 살면 나이 들어 고생할 것이라고들 말한다. 남들이 보기엔 지나치게 부지런하다고 하지만, 나는 적당히 움직이며 사는 것이 건강에 더 이롭다고 생각하는 사람 중 하나다.

나 역시 살면서 게으름을 피우며 지낸 때가 많았다. 모든 것이 귀찮을 때도 있었고, 그 어떤 것도 하고 싶지 않은 날도 많았다. 충분히 잠을 잤음에도 졸음이 쏟아져 며칠이고 푹 자고 싶다고 생각할 때가 많았다.

게으른 삶을 지향하는 사람은 아마 없을 것이다. 본래 게으른 사람은 없을 것이기 때문이다. 사람을 움직이는 힘, 아마도 그 무언가가 결여되었기 때문일 것이다.

우리에게 주어진 단 한 번의 삶!

그 삶은 남이 대신 살아주는 것도 아니요, 만들어 주는 것도 아니다.

내 인생의 주인은 나 자신이니, 스스로 만들어 주도적으로 살아가야 한다.

부모도, 형제도, 자식도 아닌 오직 나 스스로 헤쳐 나가야 할 삶이다. 그러므로 진정 나를 위한다면, 게으름을 떨치고 부지런한 삶을 살아야 한다.

혹시 내게 무슨 일이 생길 경우를 상정하고, 주위를 둘러보라.

누가 내 곁에 있는지.

　매사에 싫증을 느끼고 우울감에 빠져 의욕을 상실한 채 무기력하게, 삶의 재미를 느끼지 못하거나 게으른 삶을 사는 이들이 있을 것이다. 만약 그렇다면, 어떻게 사는 것이 잘 사는 건지의 정답을 잘 알 수는 없지만, 저자의 삶을 통해 지독한 게으름에서 벗어날 실마리를 찾을 수도 있을 것이다. 지금보다 조금 더 부지런하고 행복한 삶을 누릴 수도 있다. 살아가는 데 조금이나마 도움이 되기를 바라는 마음이다. 누구에게나 행복하게 살아갈 권리는 있다. 그 행복은 어느 누구도 대신 만들어 줄 수는 없다. 내 삶의 행복은 오롯이 스스로 만들어 가야 하는 것이다. 어쩌면 이 글이 게으름을 떨치고 삶의 활력과 생기를 되찾는 처방전이 될 수도 있겠다.

목차

1 나의 어린 시절

어린 시절	15
동양화에 빠지다	28
세 살 버릇 여든까지 간다	32
가난은 내 삶의 원동력	35

2 부지런한 삶을 원한다면 건강부터 챙겨라

제일 소중한 것은 건강이다	41
건강이 제일이다	56
나는 도시에 사는 자연인이다	60

3 건강을 위한 나만의 민간요법과 치유 방법

발목 부상	65
축구는 내 삶의 활력소	67
나만의 치유 관리 방법	71
나 자신을 사랑하라	92

4 본래 게으른 사람은 없다

과연 태어날 때부터 게으른 사람이 있을까?	97
부지런한 삶은 생각에서 비롯된다	99
데지병에 걸리다	105
남편은 지독한 게으름뱅이	108
꿈을 가져라	117
취미를 가져라	130

5 꿈을 꾸며 살다 보니

어차피 인생은 혼자다	139
텃밭 가꾸기에 도전하다	151
블로그를 시작하다	157
나는 임영웅 찐 덕후다	166
방송에 출연하다	172
책을 출간하다	175

6 나는 어떤 사람인가   185

7 노후에는 어떠한 삶을 꿈꾸며 살 것인가   191

1

나의
어린 시절

어린 시절

나는 1970년, 강원도 어느 산골 초가집에서 4남 3녀 중 셋째 딸로 태어났다. 얼굴도 보지 않고 데려간다는 딸이었다. 당시 그 동네에는 전기가 들어오지 않아 등잔불이나 호롱불에 의지하며 살아야 했다. 연탄조차 없어 오로지 산에서 나무를 해 와 불을 지펴 밥을 지어 먹고 살았다. 집집마다 앞다투어 산에서 나무를 베어 가는 통에, 산에는 제대로 자란 나무를 찾아보기 힘들었다. 그야말로 민둥산이 되어갔다.

큰 나무가 드물었던 탓에 아쉬운 점도 있었지만, 좋은 점도 있었다. 모든 식물이 마찬가지로, 햇빛, 수분, 공기가 충분히 공급되어야 건강하게 자라 씨앗을 맺고 번성할 수 있다. 자연산 식물은 씨앗이 자연적으로 떨어져 번식하지만, 숲이 우거져 그늘지고 햇볕

이 잘 들지 않는 곳에서는 꽃이 피어도 씨앗이 제대로 여물지 않아 번식이 어렵다. 따라서 큰 나무가 적거나 벌목이나 산불로 인해 나무가 없는 산은 자연산 나물과 식물이 자라기에 최적의 환경이 된다. 내가 어릴 적에는 나무가 제대로 자라기도 전에 벌목을 하는 바람에, 지천으로 널린 더덕과 산나물은 왕성하게 번식했다. 그 점이 좋았던 것이다.

강원도 하면 더덕, 취나물, 곤드레나물이 유명하다. 지천으로 널린 더덕을 캐고 산나물을 뜯어 팔아 생계를 유지했다. 아버지는 삽주, 천남성, 산 당귀 같은 약초를 캐서 잘 말리고 손질하여 판매하셨다. 몇 평 되지 않는 땅에 옥수수, 감자, 고추 농사는 자급자족할 정도밖에 안 되었기에, 제철에는 더덕과 산나물을 캐다 팔아 생계를 이어갔다. 초등학교 시절, 학교에서 돌아와 시간이 나면 혼자 산에 가서 한두 시간 만에 더덕을 1~2근씩 캐곤 했다. 그 정도였으니 산에 더덕이 얼마나 많았을지는 짐작할 만하다. 더덕을 많이 캐다 팔던 친정엄마는 먼 읍내에서도 오랫동안 '더덕 아줌마'라는 별명으로 불리셨다.

어떤 날은 엄마가 아침 일찍 더덕을 캐러 산에 가셨다가 해가 뉘엿뉘엿 질 무렵에야 돌아오시곤 했다. 나는 어쩔 수 없이 아궁이에 불을 지펴 밥을 짓기도 했다. 초등학교 입학 전부터 나는 그 일을 시작해야 했다. 객지로 나간 오빠, 언니들도 있었고, 학교에 간 언니, 오빠들도 있었기에 그 시절에는 내가 그 일을 도맡아 하는 날이 많았다. 나이는 어렸지만 엄마, 아버지가 산에 가시는 날에는 어쩔 수 없이 내가 해야 했고, 품앗이로 남의 일을 하고 돌아오실 때도 그 일은 대부분 내 몫이었다.

누에를 키울 적에는 산에서 뽕잎을 따 와야 했는데, 어린 나이에 엄마를 따라 깊은 산에 간 적이 여러 번 있었다. 요즘 7~8세 어린 아이들을 보면 문득 어린 시절 내 모습이 떠오르곤 한다. "내 어릴 적 너희만 할 때 나는 시골에서 나물을 뜯고 불을 지펴 밥을 해 먹으며 살았는데 말이야." 하고.

초등학교 고학년이 되어서는 오빠, 언니와 함께 산에 다니기도 했다. 당시 해마다 영농자금을 받아 농사를 지었지만, 가을에 수확하여 갚아야 할 영농자금을 다 갚지 못해 빚은 해마다 불어나는 것을 지켜봐야 했다. 어린 마음에도 나는 가난한 집 딸이라는 생각에 자주 잠기곤 했다. 결국 불어만 가던 영농자금 빚은 내가 직장 생활을 하며 적금을 들어 부모님께 드리면서 모두 청산되었다. 빚을 모두 갚았다는 말에, 그 기쁨은 이루 말할 수 없을 정도였다.

가난을 절감했던 이유는 다른 이웃들은 부엌에 수도가 있거나, 적어도 마당에 펌프라도 있었지만, 우리 집은 100미터 넘게 떨어진 개울에서 물을 길어다 먹어야 했기 때문이다. 저녁 식사 전 가마솥에 물을 채우는 것이 매일의 일상이었다. 부모님이 산에 가지 않는 겨울을 제외하고는, 일곱 살 때부터 개울에서 물을 길어 날랐다. 일곱 살은 너무 어려서, 처음에는 큰 주전자로 열다섯 번에서 스무 번은 물을 길어 날랐던 것 같다. 여러 차례 물을 길어 날라야 하는 것은 어린 내게 큰 짐이었다. 하지만 힘들어도 어쩔 도리 없이 감당해야만 했다. 아홉 살이 되면서는 오가는 횟수를 줄이려고 주전자보다 훨씬 많은 물을 담을 수 있는 초롱(함석 바가지, 강원도 사투리)에 물을 가득 채워 머리에 똬리를 받쳐 이고 다녔다. 초롱에 가득 담긴 물을 들어 올리다 팔에 힘이 풀려 들어 올리지 못할 때면, 물을 쏟아내고 다시 퍼서 들어 올리곤 했다. 몇 달이 지나자 팔에 힘이 붙어 물이 가득한 초롱을 머리 위로 들어 올리기가 한결 수월해졌고, 한 번에 번쩍 들어 올리는 일도 잦아졌다. 팔 힘은 날마다 더욱 강해져 갔다. 그로부터 몇 년 후, 산에서 흘러내리는 물을 호수로 연결하여 비록 부엌 밖에서 물을 받아 썼지만 더할 나위 없이 행복했다. 행복이 별것인가 싶었다.

먹을 것이 풍족하지 않았던 그 시절!

내 어릴 적 우리 집 주 식량은 감자와 옥수수였다. 밥에 감자가 반이나 들어갔기에, 일 년 내내 감자를 매일 세숫대야로 하나 가득 깎아야 했다. 당시 정부미를 지원받아 먹었는데, 그마저도 감사하게 여겼다. 정부미 쌀이라도 쌀이었으니까. 정부미 쌀마저 없었다면 온통 보리밥이나 옥수수밥만 먹어야 했을 것이다. 벼농사를 조금 지었지만, 그것을 팔아 생계를 유지해야 했기에 쌀밥을 넉넉히 먹기에는 턱없이 부족했다. 옥수수 역시 찰옥수수가 아닌 소 사료로 쓰이는 누런 옥수수를 맷돌에 갈아 으깨어, 쌀을 조금 넣고 감자와 함께 밥을 지어 먹어야 했다. 갓 지은 따뜻한 옥수수밥은 수저로 뜨기도 쉽고 맛도 괜찮았다. 전기가 없던 시절, 식은 옥수수밥은 딱딱해서 먹기가 여간 어려운 게 아니었다. 그래서 식은 밥은 가마솥에 물을 붓고 끓여, 양푼에 담긴 밥을 솥에 넣어 데워 먹었다. 겨울에는 찬밥을 먹지 않으려 아랫목에 이불을 덮어 미지근하게 데워 먹곤 했다.

당시 식구는 많았지만, 개인 밥그릇 없이, 누런 알루미늄 양푼에 밥을 퍼 밥상 한가운데에 놓고 함께 나눠 먹으며 살았다. 식은 옥수수밥은 수저로 뜨기 어려워, 다른 가족에게 폐가 될까 밥상 가운데 놓인 밥그릇을 한 손으로 꽉 잡고 퍼야 했다. 옥수수밥이라도 배불리 먹을 수 있으면 좋았고, 정부미 쌀밥을 먹을 때도 좋았다.

그 시절, 단돈 1,000원이 얼마나 귀했던가!

오빠, 남동생과 나는 겨울이면 개구리를 잡아 팔곤 했다. 당시 개구리 한 마리 가격은 10원이었다. 100마리에 1,000원 하던 시절, 100원짜리 구경조차 힘들었던 때라 10원이면 꽤 괜찮은 금액이라고 여겼다. 그리하여 나는 오빠, 남동생과 함께 혹독한 추위에도 아랑곳하지 않고 개구리 잡이에 나섰다. 당시 개울은 얼음이 몹시 두껍게 얼어붙었다. 개울을 따라 산 쪽으로 오르내리며 스케이트를 타도 물에 빠질 걱정이 없을 정도였다. 꽁꽁 언 두꺼운 얼음 밑에 개구리가 있을 법한 웅덩이를 찾아 얼음을 깨는 데만 두 시간이 넘게 걸렸다. 오빠가 얼음을 깨면 남동생과 나는 그 얼음 조각들을 치웠다. 추위를 녹이려 옆에 불을 피워놓고 몸을 녹여가며 개구리를 잡았다. 괜찮은 웅덩이 하나를 발견하면 한곳에서 개구리를 반 포대 이상을 잡기도 했다. 그 시절에는 개구리가 정말 많았다. 개구리 굴을 두 번이나 발견한 적도 있었다. 개구리 굴이란 물이 많지 않은 개울가, 개구리들이 겨울잠을 자기에 알맞다고 여겨 모여든 공동 침실이자 서식처와 같은 곳이었다.

굴에서 잡는 개구리는 힘들이지 않고도 빠짐없이 쉽게 잡을 수가 있다. 물이 많지 않아 잡기도 수월하고 재미도 있다. 손만 살짝 넣으면 물컹한 감촉과 함께 잡힌다. 안쪽에 있던 개구리들이 알아서 한 마리씩 밖으로 기어 나오기도 한다. 개구리 잡는 재미가 쏠쏠했다. 입가에 미소가 절로 번진다. 그렇게 한자리에서 쉽고 재미있게 수십 마리를 잡아내곤 했다. 그때는 개구리가 워낙 많아 몇 시간만 애쓰면 많은 양을 잡을 수 있었다. 개구리를 팔아 뻥튀기와 라면을 사 먹기도 했다.

1970년대, 내가 살던 집 앞 개울에는 버들치와 뚜구리, 가재로 가득했다. 전기가 들어오면 가재가 사라진다고 했는데, 전기가 들어오기 전이라 가재가 많았던 모양이다. 여름이면 주전자를 들고 개울을 따라 몇백 미터를 거슬러 올라가면서 가재를 잡았고, 몇 시간 만에 누런 주전자에 반 이상을 채우곤 했다. 가재를 잡다 보면 배가 고프기도 했다. 그럴 때면 알이 꽉 찬 가재를 잡아 꼬리에 붙은 붉은 가재알을 떼어 먹곤 했다. 입안에서 톡톡 터지는 가재알의 식감은 어린 시절에도 무척이나 좋았다. 가재알은 내 눈에 띄는 순간 곧바로 나의 밥이 되어주었다. 마치 신선한 날치알을 먹는 기분이었다. 그러니 지금도 그 맛을 잊을 수가 없다. 가재는 보통 물이 얕은 곳에서 돌을 들춰 잡지만, 물이 깊은 웅덩이에 가재들이 득실거리는 것이 보일 때는 다른 방법으로 잡았다. 여름에 팔짝팔짝 뛰어다니는 식용 개구리와 달리, 등에는 줄무늬가 있는 개구리가 있다. 그 개구리를 잡아 불쌍하지만 상처를 낸 후, 긴 꼬챙이에 낚싯줄을 묶고 낚싯바늘 대신 개구리를 매단다. 그렇게 가재 낚싯대를 만들었다. 낚는 방법 또한 물고기와 다르다. 물고기는 낚싯바늘에 꿰어 낚아 올려야 하지만, 가재는 양쪽 집게발로 먹이를 움켜쥐고 있을 때 낚아 올린다. 물고기처럼 빠르게 낚아채면 거의 실패하기 쉽다. 그렇게 하게 되면 집고 있던 먹이를 놓아버리기 때문에 목적지에 도착하기 전에 떨어지기 일쑤다. 가재를 낚는 방법은 간단하다. 집게발로 먹이를 꽉 쥔 가재를 살며시 들어 올려 통에 담으면 된다. 대부분은 이때까지도 눈치채지 못하고 먹이에만 정신이 팔려 있다. 원하는 곳에 다다라서 낚싯대를 툭툭 흔들어 주면 가재는 집게발을 놓는다. 가재를 원하는 장소에 떨어뜨릴 수 있는 것이다. 물고기처럼 지렁이를 자주 꿰지 않아도 되니 번거로움도 덜하다. 가재가 얼마나 많았던지, 한 번에 엄마 가재, 아빠 가재, 아기 가재, 언니 가재, 오빠 가재, 심지어 열 마리가 한꺼번에 올라올 때도 있었다. 그만큼 가재가 엄청나게 많았다. 그래서 가재를 잡을 때의 즐거움 또한 여느 것 못지않게 컸다.

그러던 1979년도 쌀쌀한 어느 봄날 오후에 우리 동네 전기가 들어오던 날!

세상이 달리 보이듯 참으로 행복한 날이었다.

귀한 존재였지만 전기가 들어오면 사라진다던 가재는, 그 후 몇 년 안에 자취를 감추듯 서서히 사라져 버렸다. 그토록 재미있던 가재 잡이는 옛 추억으로만 남게 되었다.

그 후, 버들치와 뚜구리 낚시에서 새로운 재미를 찾았다.

셋째 오빠, 남동생과 개울에서 함께 시간을 보내는 일이 잦다 보니, 개울에서 무언가를 잡는 행위는 여자아이인 내게도 자연스러운 일상이 되었다. 낚싯바늘만 있으면 긴 나무 꼬챙이에 이불을 꿰맬 때 쓰는 굵은 실을 묶고, 추 대신 작은 돌멩이를 매달아 간이 낚싯대를 만들어 쓰곤 했다. 낚싯바늘 구하기조차 어려웠던 그 시절,

오빠가 메기를 잡겠다며 구해다 놓은 메기 낚싯바늘은 집에 많았다. 바늘이 크긴 했지만, 메기 낚싯바늘로 버들치 낚시를 만들어 사용하곤 했다. 메기는 입이 크기에 버들치 낚싯바늘보다 커야 한다. 메기 낚시로 버들치를 잡기에는 바늘이 너무 컸다. 버들치는 메기보다 입이 작아 바늘을 완전히 물지 못하므로, 낚아챌 때 목적지에 닿기 전에 물속으로 떨어지는 일이 잦았다. 그래도 아쉬운 대로 메기 낚싯바늘을 쓸 수밖에 없었다. 메기를 잡을 때 작은 바늘을 쓰게 되면 입이 큰 메기는 바늘을 삼키는 경우가 많았다. 그래서 물고기에 맞는 낚싯바늘을 써야 한다는 것을 어린 나이에도 경험으로 알 수 있었다. 그렇게 나는 어릴 적부터 낚싯대를 손수 만들어 쓸 정도로 버들치 낚시에 푹 빠져 있었다. 졸리다가도 낚시할 생각에 몸을 움직이면 어느새 잠이 달아나곤 했다.

처음 버들치 낚시를 했을 때는 물속에서 작은 나뭇잎 껍질로 집을 짓고 사는 애벌레를 잡아 쓰거나, 잠자리나 파리를 잡아 낚시를 하기도 했다. 그런데 물고기들이 가장 좋아하는 먹이는 단연 지렁이였다. 여름이면 늘 개울가에 낚시를 하러 다녔기에, 지렁이 다루는 솜씨는 어려서부터 남달랐다. 물고기마다 습성이 다르기에 낚아 올리는 방식 또한 다르다는 것을 10살 무렵에 이미 깨달았다. 떠다니는 버들치 같은 물고기는 낚싯바늘을 바닥에서 살짝 띄워야 하며, 뚜구리처럼 바닥에서 주로 서식하는 물고기는 먹이를 바닥에 닿게 해야 잡힐 확률이 높다. 버들치는 먹이를 툭툭 건드리기에 낚싯대를 들고 있으면 손맛을 제대로 느낄 수 있다. 아마도 그런 이유로 버들치 낚시에 흠뻑 빠져들었는지 모른다. 뚜구리는 버들치와는 달리 먹이를 물고 가만히 있다가 천천히 삼키는 습성이 있다. 그래서 낚싯바늘을 물었는지 전혀 감각이 없을 때도 있다. '왜 안 물까?' 하며 낚싯대를 들어보면 뚜구리가 잡혀 올라올 때도 있다. 메기는 버들치와 뚜구리의 중간쯤 된다고 보면 된다. 낚싯바늘이 바닥에 있든 떠 있든, 굶주린 상태라면 곧잘 문다. 다만 메기는 야행성이므로 주로 밤에 활동을 한다. 메기 밤낚시의 적정 시간은 먹이 활동이 가장 활발한 여름밤 8시에서 10시 사이다. 때로는 낮에도 낚싯바늘에 걸려 올라오기도 하는데, 몹시 굶주린 개체일 것이다.

뚜구리와 버들치는 여름날 오전 10시부터 오후 3시 사이에 활발하게 먹이 활동을 한다. 물고기의 습성을 잘 파악하면 짧은 시간 안에 효율적인 조과를 얻을 수가 있다.

뚜구리는 어리석은 편이라, 끊어진 낚싯바늘을 입에 물고도 눈앞에 먹이가 보이면 다시 낚싯바늘을 물기도 한다. 그런 뚜구리와 비교하면 버들치는 제법 영리하다. 따라서 버들치는 그런 행동을 하지 않는다. 게다가 버들치는 인기척에 민감하게 반응한다. 동료 몇 마리가 잡혀가면 이후에는 쉽게 입질하지 않는 습성이 있다. 그러므로 버들치 낚시를 할 때는 혼자 조용히 다니면서 낚시하는 것이 유리하다. 하지만 인기척을 잘 느끼지 못하는, 물 흐름이 빠르고 소란스러운 웅덩이에서는 지렁이 미끼만 잘 꿰어 던져도 한 자리에서 수십 마리는 거뜬히 낚을 수 있다. 나야말로 도랑 낚시에 일가견이 있는 것일까!

어머니, 아버지는 물론 동네 어르신들께서도 내가 낚시하는 모습을 보시고 놀라시며, 잡은 물고기를 보시고는 연신 감탄하셨다. 작은 아이가 지렁이를 직접 꿰어 낚시질을 잘한다며 칭찬을 아끼지 않으셨고, 신기해하시기까지 했다.

어릴 때부터 개울가에서 물고기 잡는 것이 취미이자 특기가 되었다. 그렇게 잡은 물고기들의 배를 가르는 손질까지 직접 내가 다 했다. 물고기를 잡아 손질해 놓으면 엄마는 된장에 버들치와 뚜구리를 넣고 된장국을 끓여주시곤 하셨다. 가끔 오빠가 끓여준 어죽도 맛이 좋았다.

1970~1980년대 초, 내가 살던 곳의 겨울에는 눈이 참 많이 내렸다. 사방이 산으로 둘러싸인 고향 집은 낮이 짧고 밤이 긴 겨울철이면 해가 늦게 뜨고 일찍 지는 외딴 동네였다. 같은 동네에서도 봄까지 눈이 늦도록 남아 있는 곳은 내가 어릴 적 살던 고향 집이었다. 한번 내린 눈은 며칠이 지나도 잘 녹지 않고 그대로 남아 있는 때가 많았다. 온 세상이 흰 눈으로 뒤덮인 날들이 많았다. 약간 경사진 밭에 만든 눈썰매장은 눈이 잘 녹지 않아 며칠 동안 그 상태를 유지하곤 했다. 겨울에 딱히 할 일이 없었던 우리는 코를 훌쩍이며

엄마가 저녁 먹으라고 부를 때까지 눈썰매에 푹 빠져 지냈다. 비료 포대에 누런 짚을 넣어 만든 눈썰매를 타는 것이 하루 일과였다. 어둑해지는 저녁 무렵에 타는 눈썰매는 더욱 신이 났다. 시간 가는 줄 모를 정도로 신나게 놀았다.

먹을 것이 귀했던 그 시절

주위를 둘러봐도 온통 흰 눈뿐인 겨울날, 잡을 만한 것이 하나 눈에 띄었다. 바로 새였다. 새를 잡아 고기 맛이라도 볼 요량이었다. 딱총으로 날아가는 새를 맞춘다는 것은 거의 불가능했다. 오빠가 만들어 준 덮치기는 힘들이지 않고 새를 산 채로 잡기에 안성맞춤이었다. 덮치기는 잡았다가 놓아줄 수도 있었.

덮치기를 만드는 방법은 넓은 판자 위에 올릴 철망을 만드는 것이다. 철망의 한 면은 일자 모양으로 만든다. 3면에 둥근 틀을 만들고, 그 틀에 철망을 씌워 고정한다. 덮치기 좋도록 둥근 철망을 세워 고정할 수 있게, 끝을 뾰족하게 다듬은 나뭇가지에 끈을 연결해 틀 바깥에 묶는다. 뾰족하게 다듬은 나뭇가지에 새들이 좋아하는 먹이(옥수수나 벼)를 꽂고 둥근 철망을 세워 고정하면 새 잡을 준비는 끝난다.

사방이 온통 흰 눈으로 덮인 겨울, 눈밭에 볏짚을 깔아놓으면 먹을 것이 없는 새들이 빠짐없이 모여든다. 볏짚 위에 덮치기를 놓으면, 새들은 먹이를 쪼아 먹다가 꽂아놓은 나뭇가지를 건드리게 된다. 바로 그 순간, 쥐도 새도 모르게 덮쳐진다. 그렇게 되면 꼼짝없이 잡힌다. 집 마루에서 바라보면 흰 눈밭에 새들이 덮쳐 있는 모습이 더욱 선명하게 보인다. 잡히면 산 채로 잡히기 때문에 팔짝거리는 모습 또한 볼 수 있다. 새가 잡혔을 때는 덮치기를 들어 올려 꺼내야 하는데, 새들이 날아가지 못하도록 집중해서 꺼내야 한다. 운이 좋으면 한 번에 두 마리를 잡을 때도 있다. 새를 많이 잡으면 줄에 엮어두었다가, 먹을 만큼 손질하여 숯불에 구워 먹었다. 겨울에는 밖에 걸어두어도 추운 날씨 덕분에 꽝꽝 얼어 상하는 일은 없었다. 다만 고양이 밥이 되지 않도록 아주 높은 곳에 걸어두어야 했다. 그렇게 참새와 어치, 이름 모를 새의 고기를 먹으며 살았다. 화롯불에 구운 개구리나 참새고기는 같은 숯불 맛이어서인지, 맛은 비슷했던 것 같다. 가난에 먹을 것이 부족했던 시절, 겪을 수밖에 없었던 지난 추억이다. 유년 시절 대부분을 나는 그렇게 보냈다.

동양화에 빠지다

내가 살던 고향에는 1979년에 전기가 들어왔다. 전기가 들어오기 전에는 당연히 등잔불과 호롱불에 의존하며 살았다. 여름에는 낮이 길어 등잔불을 사용할 일이 적어 괜찮았다. 하지만 어둠이 빨리 찾아오는 겨울밤은 TV조차 없던 시절이라 밤이 유난히도 길었다. 학교에 들어가기 전 어느 날, 오빠가 화투를 가르쳐 준다고 했다. 화투는 혼자 즐길 수 없는 놀이이기에 남동생과 나에게 가르쳐 함께 즐기려 했던 것이다.

넉넉지 않은 형편에도 동양화를 즐기시던 아버지의 영향과 긴 겨울밤의 무료함 속에서 자연스레 화투를 접하게 되었던 듯하다. 등잔불 아래에서 나와 남동생은 화투를 흥미롭게 익혀갔다. 그때 내 나이 일곱 살!

화투 놀이의 종류는 다양하다. 민화투, 육백, 짓고땡, 섯다, 고스톱, 월남뽕, 쭉, 재수보기와 운수 띠기 등 여러 화투 놀이가 있다. 각 놀이의 규칙을 오빠가 상세히 알려주었다. 일곱 살에 민화투를 시작으로 여러 화투 놀이를 섭렵했다. 놀이에서 돈 대신 사용했던 것은 성냥개비와 옥수수 알맹이였다. 50여 년이 흐른 지금은 희미하게 떠오르는 화투 놀이도 있지만, 화투 하면 단연 고스톱이다. 일곱 살 때부터 접한 고스톱은 몇 번의 패 순환만으로도 흐름을 파악할 수 있을 만큼 빠르게 익숙해졌던 것 같다. 그 후 겨울 방학이면 오빠, 남동생과 주로 짓고땡을 하며 놀았다. 짓고땡을 계속하다 보니 숫자 계산이 빨라졌다. 짓고땡보다 한 수 높은 화투 놀이는 섯다다. 섯다는 사람의 마음까지 속여야 하는 고단수의 화투 놀이다. 포커를 해보진 않았지만, 상대방의 심리를 꿰뚫어야 하는 포커와 비슷한 화투 놀이 같다. 돈을 따는 데 유리하려면 주머니가 두둑해야 하는 섯다 화투! 패가 좋지 않아도 뱃심만 있다면 승산이 있는 게임이다. 섯다 화투는 돈을 걸고 하면 어린 마음에도 큰 도박이 될 수 있음을 알아차렸다.

그렇게 일찍 동양화 그림을 접한 나는 어린 나이에 흠뻑 빠져들었다. 졸려 잠을 자려다가도 오빠가 고스톱 치자는 말에 눈이 번쩍 뜨일 정도였다. 기나긴 겨울밤, 등잔불 밑에서 화투를 치면 시간 가는 줄 모를 정도로 재미있고 흥미로웠다. 화투에 얼마나 빠졌던지 학교에 가서 교과서를 펼치면 화투 그림이 눈앞에 아른거릴 정도였다. 돌이켜 보니 나처럼 사는 친구는 드물었던 것 같다. 그때의 나는 다른 친구들과 비교해도 꽤나 특이한 삶을 살고 있다고 여겼다. 중학생 시절에는 오빠, 남동생과 10원짜리 고스톱, 짓고땡, 섯다를 치며 돈을 잃고 울기도 했다. 그때부터 돈을 잃고 기분 좋을 사람은 아무도 없다는 것을 깨달았다.

어린 나이에 화투를 접했지만, 사회에 나가 노름에 빠지면 인생의 쓴맛을 보게 되리라는 것과 정상적인 생활이 불가능하다는 것을 그때 이미 짐작했다.

그렇게 어릴 적에 배운 짓고땡은 객지 생활에서의 또 다른 일상에 스며들기 시작했다. 짓고땡은 똥과 비를 제외한 5장의 화투패 중 3장으로 10이나 20을 만들고, 나머지 2장의 패를 더해 끝수가 높은 사람이 이기는 게임이다. 끝수보다 땡이 높은데, 땡은 나머지 2장의 패가 같은 경우를 뜻한다. 땡 중에서는 숫자가 가장 높은 장땡이 으뜸이다. 임의의 카드 3장을 더해 10이나 20이 되지 않으면 지는 게임이다.

짓고땡 배운 실력으로 길가의 자동차 번호판을 보며 각 숫자를 더해보기 시작했다. 어느 날부터 그 행동은 습관처럼 자연스러워졌고, 내 눈은 무의식적으로 모든 자동차 번호판을 향하고 있었다. 숫자를 더하는 시간이 짧아질수록 내 기분은 좋아졌다. 예전 차량 번호는 5자리 숫자여서 짓고땡 실력으로 더하기에 안성맞춤이었다.

시간이 흘러 차량 번호는 6자리 숫자로 바뀌었고, 2025년 현재는 7자리 숫자다. 수십 년 동안 일상처럼 운전하거나 걸을 때 차 번호판만 보이면 더하기 연습을 얼마나 반복했던가! 요즘 7자리 숫자를 더하는 데 고작 1~2초밖에 걸리지 않는다. 운전할 때 신호 대기 중에 지나가는 차량 번호판을 보며 더해보기도 한다. 움직이는 차를 보고 있으면 눈이 핑글핑글 돌지만, 그래도 척척 더해진다. 오랜 시간 동안 자연스럽게 습관처럼 훈련해 온 결실이다. 무엇이든 꾸준히 오래 연습하고 훈련하면 능숙해지는 것은 당연한 듯하다.

좋지 않게 보일 수 있는 화투도 활용하기에 따라 긍정적인 효과를 낼 수 있다. 그것이야말로 노년의 두뇌 건강을 지키는 최고의 방법일지도 모른다. 치매 예방에 고스톱이 좋다는 이야기를 자주 듣곤 한다. 짓고땡은 고스톱보다 더 높은 수준이니 치매 예방에 더욱 효과적일 수 있겠다. 어릴 적 익힌 동양화 화투는 어쩌면 내 삶의 한 부분이 되었는지도 모른다. 운전 중 신호 대기 시간의 지루함을 달래줄 뿐 아니라, 두뇌 건강에도 약간이나마 도움이 되리라 믿는다. 도를 넘지 않는다면 고스톱은 원만한 인간관계를 맺는 데 긍정적인 역할을 할 수도 있다고 생각된다.

세 살 버릇
여든까지 간다

흔히 "세 살 버릇 여든까지 간다."는 속담이 전해진다. 어릴 때 형성된 습관이나 버릇은 평생 지속된다는 의미다. 어린 시절 잘못 들인 습관은 나이가 들어서도 쉽게 고치기가 어렵다. 이 이야기는 아이들에게 올바른 교육과 좋은 습관을 길러주는 것의 중요성을 일깨워준다.

나 어린 시절, 넉넉지 못한 형편에 부모님은 교육이나 습관보다 밥 짓는 일부터 시키셨다. 비닐 멀칭도 하지 않고 농사짓던 밭은 돌아서면 잡초투성이였다. 그래서 허구한 날 김을 매어주어야 했다. 집에 수도가 없어 매일 같이 개울에서 물을 퍼 날라야만 했다. 그런 환경 속에서 시키는 일은 당연히 해야 한다고 여기며 자랐다. 돌아

보면 집안일, 밭일 가리지 않고 일하는 것이 자연스러운 습관으로 자리 잡은 듯하다. 이 일 저 일 마다하지 않고 했지만, 집 안을 깔끔하게 정돈하며 살지는 못했다. 엄마의 성격 탓도 있는 듯했고, 청결하게 정돈하며 살아야 한다는 것을 그때는 미처 알지 못했다.

 그러던 어느 해 여름 방학, 열 살 되던 해에 객지에서 직장 생활을 하던 큰 언니가 복막염으로 수술을 받게 되었다. 수술 후 언니는 몸조리를 위해 잠시 시골에 내려와 지내게 되었다. 몸조리 중인 언니는 매일 집 안을 깨끗이 청소하고 맛있는 음식을 만들었다. 깨끗하게 청소된 집 안은 보기에 좋았고 내 기분까지 상쾌하게 만들었다. 언니의 일상은 매일같이 반복되었다. 나는 그런 언니의 모습을 눈여겨보았던 것 같다. 몇 달 후, 몸조리를 마친 큰언니는 직장 때문에 시골을 떠나갔다. 언니가 떠난 후, 내 일상은 변화하기 시작했다. 그때부터 내게는 새로운 일이 하나 더 생겼다. 청소하며 살 줄 몰랐던 나는 그때부터 매일 집 안 청소를 도맡아 하게 되었다. 방학은 물론 개학 후 학교에 가는 날에도 아침에 설거지와 청소를 마치고 가느라 지각하는 일이 잦았다. 그래서 운동장에서 열리는 아침조회에 참석하지 못하는 날이 많았다. 그때부터 집 안 청소와 설거지를 끝내지 않고는 아무 데도 가지 못하는 습관이 생겨 버렸다. 동네 친구들이 아무리 재미있는 놀이를 제안해도, 집 안 청소를 마치지 않고는 나설 수 없을 정도였다. 짧은 기간 동안 큰 언니로 인해 나의 생활 방식은 완전히 달라졌다. 객지 생활을 하기 전까지 줄곧 시골에서 그렇게 살았다.

어느 날, 청소하는 직업을 가져도 잘 해내겠다는 엄마의 말씀에 묘하게 삶의 자신감이 솟아났다. 자식이 청소부가 되길 바라는 부모는 드물겠지만, 그 말을 듣고 자란 나는 청소 관련 직업을 선택하지는 않았다. 하지만 수십 년이 흐른 지금, 50대 중반이 되어서도 어린 시절의 습관을 떨쳐내지 못하고 사는 듯하다.

생각해 보면 "세 살 버릇 여든까지 간다."는 속담이 섬뜩하게 느껴진다. 사람의 성격은 대개 어린 시절에 그 틀이 잡힌다. 통상적으로 10세 이전에 기본적인 성격 특성이 거의 확립된다. 하지만 성격은 삶의 전반적인 과정에서 변화할 가능성도 존재한다. 경험, 환경, 사회적 관계 등에 의해 꾸준히 발전하거나 달라질 수 있다. 결론적으로 어린 시절의 경험은 성격 형성에 지대한 영향을 미치나, 성격은 고정된 것이 아니라 시간이 흐르며 변화할 여지도 있다. 다만, 기본적인 성격은 평생 유지되는 경향이 있는 듯하다.

가난은
내 삶의 원동력

　가난은 고된 환경과 어려움을 뜻하지만, 때로는 사람에게 강력한 동기와 목표 의식을 심어주기도 한다. 가난은 더 나은 삶을 갈망하는 강력한 원동력이 되기도 한다. 고난을 이겨내고자 부단히 노력하며 꿈을 향해 나아가는 동기를 부여받을 수 있는 것이다. 가난한 환경에서 성장한 사람들은 자원 활용 능력을 기르고, 창의적인 문제 해결 방식을 터득하기도 한다. 역경을 이겨내며 성장하는 과정에서 인내심과 끈기를 배우게 되므로, 이는 인생의 다른 도전을 헤쳐 나가는 데에도 큰 도움이 된다.

　가난을 겪은 이들은 타인의 고통에 공감하며 도움을 주고자 하는 마음을 품게 될 수 있다. 이는 더 나은 사회를 건설하는 데에도 이바지할 수 있다. 가난은 고통스러운 경험일 수 있으나, 이를 통해 성장과 발전의 기회를 만들 수 있다는 점에서 긍정적인 측면도 지닌다. 그러므로 가난을 부모나 조상, 혹은 운명 탓으로 돌릴 필요는 없다. 남을 탓해 봐야 자신만 괴로울 뿐이므로, 긍정적으로 받아들이며 살아가는 것이 더 나은 삶에 도움이 될 것이다.

나 역시 가난하게 태어나 어린 시절부터 힘든 환경 속에서 성장했다. 어린 시절에는 기계가 아닌 손으로 직접 모를 심어야 했기에, 모내기에 많은 시간이 소요되었다. 초등학교 입학 전 어린 나이에 나는 이미 모내기에 투입되곤 했다. 논은 집에서 꽤 멀리 떨어져 있어 점심 식사까지 챙겨서 가져가야 했다.

내가 어느 정도 성장한 후에는 모내기 도중 엄마가 불을 지펴 밥을 하라고 하면, 논 옆에 위치한 개울가에서 불을 때 밥을 짓곤 했다. 농사일을 하다 밥을 짓는 것은 참으로 귀찮고 싫은 일이었다. 처음부터 밥을 하던지 농사일만 했다면 괜찮았을지도 모른다. 그럼에도 엄마 말씀을 거역하지 않고 모두 따랐다. 엄마 말씀을 거스르면 고생하시는 엄마가 너무 불쌍하고 안쓰러워 차마 거역할 수가 없었다. 당시에는 품앗이가 잦았던 때라 동네 어르신들과 함께 모내기도 하고 고추도 심곤 했다. 동네 어르신들은 어린 나이에도 일을 잘한다며 품앗이 때 엄마와 함께 와달라고 부탁을 하시기도 했다. 중학교 1학년 때 엄마를 따라 품앗이에 참여하기도 했다. 나 또한 어른들과 다름없는 일꾼으로 인정받았다. 그 당시 나는 이미 동네에서 제법 알려진 존재였다. 세상은 일찍 나에게 가난의 쓴맛을 경험하게 했다. 세상에 적응하고 자립심을 기르는 데 가난은 내 삶의 원동력이 되었다.

가난 탓에 검정 고무신을 초등학교 6학년 때까지 신었고, 책가방 대신 책보에 책을 싸서 학교에 다녔다. 가난 때문에 어릴 적부터 남들이 겪지 못한 경험을 하게 되었고, 중학교를 졸업한 후 17살이라는 어린 나이에 객지로 나가 공순이 생활을 해야 했다. 사람들이 공순이라고 부를 때면 쥐구멍이라도 숨고 싶었고, 고등학교나 대학교에 다니는 친구들이 몹시 부러웠다. 학교에 다니는 친구들을 생각하니 내 존재가 바닥으로 추락하는 듯이 느껴져 몹시 창피하기도 했다.

사회생활을 처음 시작할 때는 두려움은 물론, 무섭기까지 했다. 하지만 한 달 두 달 시간이 지나면서 가난한 시골에서 살며 겪었던 경험들이 도움이 되기 시작했다. 일하는 것에 대한 두려움은 점차 사라져 가는 것을 느낄 수 있었다. 주변 사람들은 내가 남들보다 일을 빨리 배운다고 칭찬했고, 덕분에 자신감이 생기기 시작했다.

하지만 남들보다 일찍 사회생활을 시작하면서 두려웠던 또 다른 이유가 있었다. 일찍 객지로 나가 직장 생활을 하는 언니, 오빠들의 삶이 순탄치 않아 보였다. 부모님 또한 가난했기에, 혹여나 내게 무슨 일이라도 생긴다면 세상에서 그 누구의 도움도 받을 수 없다는 생각에 두려움이 더해졌다. 내 인생을 오롯이 혼자 헤쳐 나가야 한다는 사실에 더욱 깊은 두려움을 느꼈다. 두려움이 옅어지기 시작한 것은 직장 생활을 시작하고 몇 년이 지나면서부터였다. 스무 살이 넘어 주위를 둘러보니 많은 이들이 홀로서기를 하고 있음을 깨닫고, 나의 두려움 또한 점차 희미해져 갔다.

잠이 많아 자칫 게으르게 살 수도 있었던 나를 일으켜 세운 삶의 원동력은, 다름 아닌 가난한 환경에서 자라났다는 사실이었다. 그렇기에 가난한 삶이 버겁게 느껴질 때도 있지만, 반드시 부정적으로만 여길 필요는 없었다. 가난은 나를 움직이게 하는 원동력이 되어 자립심을 기르는 데 큰 영향을 미쳤다. 그래서 긍정적인 마음으로 감사하며 살아가는 것이 내 삶에 훨씬 더 큰 도움이 된다는 것을 어느 순간 깨달았다.

    어린 시절부터 어려움 없이 귀하게 자란 사람들을 보면, 모두가 그렇지는 않지만 자립심이 다소 부족한 경우를 볼 수 있다. 또한 도전 정신도 약한 모습이 나타난다. 그리고 타인에 대한 배려보다는 타인의 배려를 받고자 하는 맘이 더 크게 나타나기도 한다.

내가 만일 부자의 딸로 태어나서 어릴 적부터 힘겨운 경험들이 없었더라면 내 인생은 지금의 삶이 아닌 또 다른 삶을 살고 있으리라.

2

부지런한 삶을 원한다면 건강부터 챙겨라

제일 소중한 것은
건강이다

　사람이든 짐승이든, 살아 있는 모든 생명체에서 가장 중요한 것은 건강이라 할 수 있다. 삶의 의욕을 잃고 삶에서 가장 큰 고난을 겪는 때는 병들어 건강을 잃었을 때일 것이다. 건강은 에너지와 집중력을 유지하는 데 필수적이다. 그러므로 건강하지 않다면 부지런하고 행복한 삶을 누리기가 어렵다. 건강이 좋지 않은 상태라면 아무것도 할 수 없는 상황에 이를 수도 있다. 아프면 만사가 귀찮아지고, 하고 싶은 일이 있어도 할 수 없게 된다. 마음대로 움직일 수 없으니 고통 속에서 자연스레 게으른 삶을 살 수밖에 없다. 건강하지 않은 삶에서는 삶의 의미를 찾기 어려울 수도 있다. 심한 통증을 힘겹게 견뎌내야 한다. 삶의 이유에 대한 의문을 품을 수도 있다. 우울감에 젖거나 심하면 우울증을 겪기도 한다. 건강은 단순히 키나 몸무게, 체형의 문제가 아니라 아프지 않은 상태를 의미한다. 아프기 전에는 건강관리에만 신경 쓰면 된다. 그러나 이미 병이 났다면 치료와 관리에 집중해야 하므로 더 많은 노력이 요구된다. 아프게 되면 건강관리에 더 많은 시간과 비용을 투자해야 한다. 이러한 이유로 건강은 건강할 때 지켜야 한다고 말하는 것이다. 아픈 사람은 건강 회복을, 건강한 사람은 건강 유지를 위해 다음과 같은 방법을 고려해 볼 수 있다.

의사 상담

건강에 이상이 생겼다면 전문가의 도움을 받는 것은 당연하다. 2년마다 실시하는 국가 건강검진 또한 잊지 않아야 한다. 자신의 건강 상태를 꾸준히 확인하고 정기적인 상담을 받는다면 질병을 조기에 발견하고 예방할 수 있다. 흔히 예방이 최선의 치료라고 한다. 의사는 올바른 식습관, 운동, 스트레스 관리 등 건강한 삶을 위한 다양한 조언을 한다. 약물이나 치료법에 대한 전문가의 조언은 안전하고 효과적인 건강관리에 도움이 된다. 건강 상담은 자신의 건강 상태에 대한 불안감을 해소하고 심리적 안정을 찾는 데 도움이 된다. 정기 검진을 통해 조기에 진단해야 더 큰 화를 막을 수 있다.

정신적 건강 관리

만병의 근원인 스트레스나 불안이 있다면 명상이나 심리 상담 등으로 심리적 안정을 찾는 것이 중요하다. 만성 스트레스는 면역 체계를 약화시켜 감염에 취약하게 만들 수 있다. 또한 혈압을 높여 심장 질환의 위험을 키울 수도 있다. 스트레스는 소화 불량이나 위장 문제를 일으키고 장 건강에도 악영향을 줄 수 있다. 불안, 우울증, 집중력 저하 등은 정신 건강에 부정적인 영향을 미칠 수 있다. 수면의 질 저하는 피로감과 집중력 저하로 이어질 수 있다. 명상, 요가, 취미 활동 등으로 스트레스 관리를 함으로써 정신 건강에 큰 도움을 준다. 설사 미신이라 하더라도 몸이 많이 아픈 사람이 정자나무 아래서 간절히 기도하면 병이 낫기도 한다. 신이 정말 병을 고쳐준 것일까? 그것은 간절히 기도하므로 낫는다는 믿음과 함께 마음의 평안을 얻었기 때문이다. 결국 마음의 병이 육체적 질병을 만드는 것이다. 평소 편안한 심리 상태가 건강한 삶을 유지할 수 있게 되는 것이다. 그러므로 정신적인 스트레스 관리는 건강을 유지하는 데 있어 매우 중요한 역할을 한다.

충분한 휴식

몸과 마음이 지쳤을 때는 충분한 휴식을 통해 건강을 유지해야 한다. 매일 충분한 수면을 취하는 것은 필수적이다. 일반적으로 성인은 하루 일고여덟 시간의 수면을 취하는 것이 좋다. 일과 중 5~10분 정도 스트레칭이나 가벼운 산책을 하는 것도 좋은 방법이다. 하루 몇 분 투자로 큰 효과를 볼 수 있는 명상이나 심호흡은 마음을 안정시키고 스트레스 해소에 도움을 준다. 또한 독서, 그림 그리기, 음악 감상 등 좋아하는 취미 활동을 통해 즐거운 휴식을 취하는 것도 좋다. 자연 속에서 공원 산책이나 바닷가에서 여유로운 시간을 보내는 것 또한 훌륭한 휴식이 될 수 있다. 디지털 시대에 익숙한 현대인들에게 스마트폰이나 컴퓨터로부터 잠시 벗어나는 것 또한 편안한 휴식이 될 수 있다. 때로는 디지털 디톡스가 필요하다.

따뜻한 물로 하는 목욕이나 샤워는 피로를 풀고 기분을 전환하는 데 도움이 된다. 이때 아로마 오일을 활용하면 효과를 더욱 높일 수 있다. 잠들기 전 가벼운 독서나 차 한 잔을 즐기는 여유는 수면의 질을 높이는 데 도움이 되므로 일상에 적용해 보는 것도 좋다. 좋아하는 친구나 사랑하는 가족과의 즐거운 대화는 마음의 부담을 덜어주고 긍정적인 에너지를 선사한다. 몸과 마음이 편안하게 휴식을 취해야 육체적, 정신적 건강을 모두 지킬 수 있다.

균형 잡힌 식사와 운동

균형 잡힌 식사는 건강 유지 및 회복의 기본이다. 다양한 영양소를 갖춘 균형 잡힌 식사는 체력 유지와 면역력 강화에 중요하다. 균형 잡힌 식사란 곡물, 단백질(고기, 생선, 콩류), 채소, 과일 등 다양한 식품군을 섭취하는 것을 의미한다. 과일과 채소는 신선하고 영양이 풍부한 제철 것으로 고르는 것이 좋다. 접시에 담아 식사할 때는 접시의 절반은 채소, 1/4은 단백질, 나머지 1/4은 곡물로 채우면 균형 잡힌 식사가 된다. 과식을 피하고 적정량을 유지하며, 특히 가공식품이나 설탕이 많이 든 음식은 줄이는 것이 좋다.

건강을 유지하고 지키는 데 운동은 필수적이다. 일상 속에서 엘리베이터 대신 계단 이용하기, 짧은 거리 걷기 등은 마음만 먹으면 쉽게 실천할 수 있는 운동이다. 주 150분 정도의 중등도 유산소 운동(빠르게 걷기, 조깅, 수영, 가벼운 등산, 자전거 타기 등)을 꾸준히 하는 것이 좋다. 또한 주 2회 정도는 체중 운동이나 덤벨 운동 등으로 근력을 강화하는 것도 좋다. 자신이 좋아하는 운동을 찾아 즐겁게 한다면 꾸준히 운동을 지속할 수 있다. 운동 후 따뜻한 물로 샤워하고 충분히 휴식을 취하며 몸을 회복시키는 것이 무엇보다 중요하다.

잠이 보약이다

흔히 잠이 보약이라고 한다. 잠은 충분히 자야 한다. 잠은 몸이 스스로를 회복하고 재충전하는 시간이다. 수면 중에는 세포가 재생되고 면역력이 강화된다. 충분한 수면은 스트레스와 불안을 줄여 기분 안정에 도움을 준다. 충분히 자고 나면 정신이 맑아지고 집중력이 높아진다. 수면 중 뇌는 정보를 정리하고 기억력을 강화한다. 따라서 충분한 수면은 학습 능력과 기억력 향상에 도움을 준다. 수면 부족은 식욕 조절 호르몬 불균형을 초래하여 체중 증가를 유발할 수 있다. 그러므로 체중 관리를 위해서라도 충분한 수면이 필요하다. 규칙적인 수면은 심장 건강 유지에 도움을 주며 고혈압과 같은 질환의 위험을 줄여준다. 결국 잠은 신체와 정신 건강, 나아가 전반적인 건강 유지에 필수적이다.

수면의 질을 높이려면 몸의 리듬을 위해 매일 같은 시간에 자고 일어나는 것이 좋다. 편안한 수면 환경을 조성하려면 어두운 방, 적절한 온도, 조용한 환경을 유지하는 것이 수면의 질을 높이는 데 효과적이다. 필요에 따라 귀마개나 안대를 활용하는 것도 좋은 방법이다. 잠들기 한 시간 전에는 스마트폰이나 컴퓨터 사용을 자제하는 것이 좋다. 블루라이트는 수면을 방해할 수 있기 때문이다. 개인차가 있을 수 있으나, 카페인이나 알코올은 수면의 질에 영향을 미칠 수 있다. 따라서 잠들기 몇 시간 전에는 섭취를 피하는 것이 바람직하다. 명상, 요가, 심호흡과 같은 이완 기법은 몸과 마음을 편안하게 하는 데 도움이 된다. 수면의 질을 높이려면 잠들기 직전의 운동은 피해야 하지만, 규칙적인 운동은 수면에 도움이 될 수 있다.

물 건강법

물 건강법이란 물을 이용하여 건강을 증진하는 여러 방법을 의미한다. 사람의 신체는 평균적으로 약 60%에서 70%가 수분으로 구성되어 있다. 나이, 성별, 체중에 따라 차이가 있을 수 있지만, 수분은 신체의 다양한 기능에 매우 중요한 역할을 수행한다.

충분한 물을 매일 마시는 것은 건강의 기본이다. 물을 마실 때에는 씹어 삼키듯이 천천히 마시는 것이 좋다. 일반적으로 하루 권장 섭취량은 개인의 체중, 활동량, 날씨에 따라 다르나, 2리터(8잔) 정도가 적당하다. 물의 온도는 체온과 비슷한 것이 가장 좋다. 따뜻하거나 미지근한 물은 소화에, 차가운 물은 운동 후 수분 보충에 효과적이다. 운동 중 충분한 수분 섭취는 체력 유지에 도움이 되며, 운동 전후로 물을 마시면 노폐물 배출에 효과적이다.

물의 품질은 깨끗하고 안전해야 하며, 정수된 물이나 생수를 마시는 것이 좋다. 특히 약알칼리수는 우리 몸의 혈액과 유사하여 더욱 유익하다. 약알칼리수는 위장 장애가 있는 사람에게 특히 더 좋다. 하지만 물을 많이 마시는 것이 좋지 않은 사람도 있다. 신체 기능이 저하되었거나, 비장 및 위장 등 수분 대사에 장애가 있는 경우(간경화, 신부전증, 부신 기능 저하증 등) 하루 물 섭취량을 1리터로 제한하는 것이 좋다. 몸에 부기가 생기거나 복수가 찰 수 있으므로, 건강 상태를 확인하고 적절한 양의 물을 섭취하는 것이 좋다.

기상 직후 물 한 잔은 몸에 수분을 공급하고 신진대사를 활발하게 하는 데 기여한다. 레몬 물은 비타민C 보충, 소화 촉진, 피부 개선에 효과적이다. 몸속 독소 배출을 위해 물에 레몬, 민트, 오이 등을 넣어 디톡스 음료를 만들어 마시는 것도 좋은 방법이다. 따뜻한 물로 하는 목욕은 스트레스 해소와 근육 이완을 도와 컨디션 향상에 도움을 줄 수 있다.

몸의 염증을 없애라

몸에 염증만 없어도 건강해진다는 말이 있듯이, 염증은 다양한 질병의 원인이 될 수 있다. 우리 몸의 염증을 줄이는 방법은 다양하다. 우선 항염증 식품을 포함한 균형 잡힌 식단을 섭취하는 것이 좋다. 오메가-3 지방산이 풍부한 생선, 견과류, 과일, 채소 등을 섭취하는 것이 좋다. 수분은 체내 노폐물 배출과 염증 완화에 기여하므로, 충분한 물을 섭취하는 것이 중요하다. 스트레스는 염증을 악화시키므로, 명상, 요가, 심호흡, 충분한 수면 등으로 스트레스를 관리하는 것이 염증 완화에 도움이 될 수 있다. 과도한 흡연과 음주는 염증을 악화시키므로, 금연과 금주가 가장 좋지만 어렵다면 최대한 줄이는 것이 좋다. 염증이 발생하면 해당 부위가 붓거나 부풀어 오르는 증상이 흔히 나타난다. 염증은 피부를 붉게 만들거나 열감을 동반하기도 한다.

염증은 다양한 질환의 원인이 될 수 있으며, 만병의 근원이라고도 할 수 있다. 염증은 다양한 통증을 일으킨다. 염증 하면 관절염을 떠올리게 되는데, 관리를 소홀히 하면 더 큰 고통이 따르리라는 것은 자명한 사실이다. 다른 염증성 질환들을 살펴보면, 모든 질병이 염증에서 비롯된다고 해도 과언이 아니다. 비염, 충수염, 신장염, 방광염, 기관지염, 중이염, 간염, 위염, 식도염, 구내염, 치주염, 대장염 등 각종 염증 질환을 치료 없이 방치하면 암으로 발전하거나 다른 질환을 유발할 수 있다. 만성 염증은 심장병, 당뇨, 비만과 같은 만성 질환과도 밀접한 관련이 있다.

염증 치료는 원인과 종류에 따라 다르나, 일반적으로 소염제나 진통제를 사용하여 염증과 통증을 완화한다. 물리 치료나 재활 운동으로 염증을 줄이고 기능 회복을 도울 수도 있다. 규칙적인 운동, 충분한 수면, 스트레스 관리 등은 염증 완화에 도움이 될 수 있다. 염증에 좋은 건강식품이나 신선한 제철 채소를 섭취하는 것 또한 염증 완화에 기여할 수 있다. 염증이 지속되거나 심각한 수준에 이르기 전에 전문의와 상담하여 적절한 치료를 받는 것이 중요하다.

잘 먹고 잘 자고 잘 싸야

사람이든 동물이든 기본적으로 이 3가지 잘 먹고 잘 자고 잘 싸는 것을 잘하고 있어야 건강한 삶을 살고 있는 것이라 할 수 있다. 균형 잡힌 식사로 영향을 채우고 충분한 수면으로 회복하며 규칙적인 배변으로 몸의 노폐물을 제거하는 것은 매우 중요한 일이다. 이렇게 기본적인 것들이 잘되어야 건강한 삶을 살 수가 있다. 그래서 기본적인 것들을 잘할 수 있도록 노력해야 한다. 나이 80세가 되었든 100세가 되었든 잘 먹고 잘 자고 잘 싸기만 한다 해도 건강하게 잘 살고 있다는 증거다. 하지만 20~30대라도 이 3가지를 잘 못하고 있다면 건강하게 살지 못하고 있는 것이다. 요즘 수명이 길어지다 보니 마지막엔 요양원이나 요양병원에서 생활 하다가 생을 마감하는 경우가 적지 않다. 그러나 요양원에서도 이 3가지를 정상에 가깝게 하고 있다면 삶의 질은 떨어질 수 있어도 오래 살 수는 있다. 아니, 이 3가지를 잘하고 있다면 요양원에 갈 이유가 없다.

그렇다면 건강하게 먹고, 편안히 자고, 시원하게 배변하는 비결은 무엇일까!

잘 먹는 방법은 균형 잡힌 식단을 통해 채소, 과일, 단백질, 탄수화물 등을 고루 섭취하고, 하루 세끼를 규칙적으로 챙기며, 건강한 간식을 선택하는 것이다. 과식은 반드시 피해야 한다. 또한 충분한 수분 섭취로 체내 수분 균형을 유지하는 것이 중요하다.

잘 자는 방법은 매일 정해진 시간에 잠들고 깨어나도록 노력하는 것이다. 성인은 하루 일고여덟 시간 수면을 취해야 신체 및 두뇌 활동이 원활해진다. 수면의 질을 높이기 위해서는 편안한 수면 환경 조성이 가장 중요하다. 어둡고 조용한 방, 적절한 온도 유지와 함께 잠들기 전 한 시간 동안은 스마트폰이나 컴퓨터 사용을 자제하는 것이 좋다.

배변을 잘하는 방법은 과일, 채소, 곡류 등 섬유질이 풍부한 음식을 섭취하는 것이다. 규칙적인 운동은 장 건강 증진 및 원활한 배변 활동에 기여한다. 또한 충분한 수분 섭취 역시 배변 활동에 도움을 준다. 삶의 질을 높이고 건강하게 살려면 이 3가지를 잘할 수 있도록 노력이 필요하다.

다이어트

만병의 근원이라 칭할 만한 요인은 다양하다. 비만 역시 만병의 근원 중 하나다. 만병의 근원이라 불리는 데에는 여러 이유가 있다. 주요 원인을 몇 가지 꼽자면 다음과 같다. 비만은 당뇨병, 고혈압, 심혈관 질환 등 만성 질환의 주요한 원인이 된다. 체내에 지방 조직이 과도하게 축적되면 염증 반응이 심화되어 각종 건강 문제를 야기할 수 있다. 또 호르몬 균형에 영향을 미쳐 여성의 불임, 남성의 발기부전 등 생식기 문제와도 연관이 될 수 있다. 비만은 우울증, 불안감 등 정신 건강 문제와도 깊이 연관되어 있으며, 사회적 낙인으로 인한 심리적 스트레스가 가중될 수 있다. 더불어 수면 무호흡증과 같은 수면 장애를 일으켜 전반적인 건강에 악영향을 끼칠 수 있다. 고도 비만은 체중 증가로 인해 무릎 관절에 과도한 부담을 주어 관절염 발병 위험을 높일 수 있다. 비만은 여러 암 발생 위험을 높일 수 있으므로, 삶의 질을 높이고 건강을 유지하려면 체중 관리가 매우 중요하다.

왕성한 식욕을 억제하고 적절한 체중을 유지하는 것은 살면서 가장 어려운 일 중 하나일 것이다. 많은 사람들이 다이어트에 도전하지만, 포기하거나 성공 후 요요 현상으로 오히려 더 비만이 되기도 한다. 다이어트에 성공했다면, 유지하는 것이 더욱 중요하므로 체중 조절에 각별히 신경을 써야 한다.

다이어트!
말하기 좋게 잘하는 방법은 적게 먹고 많이 움직이면 된다. 누구나 아는 사실이지만, 실천이 어렵기 때문에 다이어트에 실패하는 것이다. 굶는 다이어트는 단기적으로는 효과적일 수 있다. 그러나 굶는 다이어트는 큰 부작용을 초래하고, 신체 균형을 무너뜨려 오히려 건강을 해칠 수가 있다.
다이어트를 시작하려면 먼저 굳은 결심이 필요하다.
목표 설정 시에는 현실적이고 달성 가능한 목표를 세우고, 단계를 밟아나가야 한다. 큰 목표는 작게 나누어 접근하면 더욱 쉽게 달성할 수 있다. 작은 변화에도 긍정적인 태도를 유지하며, 자신의 성과를 스스로 칭찬하는 것이 좋다. 결과가 더디더라도 초조해하지 않고 꾸준히 노력하는 자세가 필요하다. 다이어트가 힘들게 느껴진다면, 즐겁게 할 수 있는 운동이나 건강한 요리법을 찾아보는 것도 좋은 방법이다. 다이어트를 친구나 가족과 함께하거나, 같은 목표를 가진 사람들과 소통하며 진행하면 더욱 힘이 될 수 있다. 뜻대로 되지 않더라도 자책하기보다는 자신을 사랑하고 존중하는 마음을 가지는 것이 중요하다. 계획이 틀어지더라도 괜찮다는 마음으로 긍정적으로 대처하며 다시 시작하면 된다.

굶지 않고 건강하게 다이어트하는 방법은 기존 섭취량의 절반으로 줄여 소식하는 것이다. 이를 통해 위장의 크기를 점차 줄여나갈 수 있다. 채소, 과일, 단백질, 곡류 등 다양한 식품군을 균형 있게 섭취하여 건강한 식습관을 유지해야 한다. 자신의 일일 필요 칼로리를 파악하여 식사량을 조절해야 한다. 유산소 운동과 근력 운동을 병행하면 칼로리 소모를 늘려 체지방 감소에 효과적이다. 신진대사를 촉진하고 포만감을 높이기 위해 물을 충분히 섭취한다. 규칙적인 식사 시간을 지키고 과식과 야식은 최대한 피해야 한다. 특히 잠들기 전 야식은 수면 중 위장에 부담을 줄 뿐만 아니라, 열량 소모가 어려워 그대로 축적되기 쉽다. 대부분의 사람들은 참을 수 없는 식욕과 습관적인 야식으로 불어난 체중을 후회하며 살아간다. 참을 수 없는 왕성한 식욕에 가끔 "먹고 죽은 귀신 때깔도 좋다."며 스스로를 위로하는 사람도 있다. 다이어트에 도움 되는 또 하나는 술자리 모임을 줄이는 것이다. 술을 많이 마시게 되면 많은 양의 안주를 먹게 되므로 다이어트에 악영향이 될 수밖에 없다. 체질상 많이 먹어도 살이 찌지 않는 사람도 있다. 그런 사람들은 야식을 마음껏 즐겨도 살이 잘 찌지 않는다. 그렇기에 비만으로 고민하는 사람들에게는 부러움의 대상이 된다.

다이어트 중 간식으로는 과일, 견과류, 채소 등을 적당량 섭취하는 것이 좋다. 무엇이든 부족한 듯 섭취하는 것이 다이어트에 도움이 된다. 스트레스는 과식을 유발하여 다이어트에 부정적인 영향을 미칠 수 있다. 따라서 스트레스 해소법을 찾는 것도 매우 중요하다. 충분한 수면은 신체 회복과 대사 활동에 도움이 된다. 비만을 극복하면 건강한 삶과 더불어 삶의 질 또한 향상된다. 그 반면 비만을 극복하지 못하면 신체 활동을 둔화시켜 무기력함을 유발할 수 있다. 그러므로 적정 체중을 유지하면 몸이 가벼워져 활기찬 생활을 누릴 수 있다.

건강이 제일이다

 살아가면서 돈과 명예도 중요하지만, 건강은 돈과 명예로도 살 수 없는 가장 소중한 자산이다. 건강을 잃으면 돈과 명예는 아무 의미가 없기 때문이다. 가령 이런 상황을 가정해 보자. 엄청난 재산을 가졌더라도 병상에 누워 신음한다면 무슨 소용이 있겠는가!
 돈과 명예를 모두 얻었어도 큰 병에 걸린다면 복잡한 심경일 것이다. 건강 상실로 인한 상실감이 클 수밖에 없어 삶의 질은 현저히 저하된다. 자신의 미래와 건강에 대한 불안과 걱정은 더욱 커질 수밖에 없다. 주변 사람들의 부러움 속에서도 아픔을 겪으며 더욱 깊은 외로움을 느낄 수 있다. 돈과 명예가 있기에 건강 회복에 대한 의지는 더욱 강렬하게 드러날 수 있다. 병을 앓고 나서야 건강의 소중함과 진정한 행복의 의미를 깨닫지만, 때는 이미 늦어버린 후일 수 있다.

오랜 고생 끝에 이제 좀 살 만해지니 병들어 제대로 써보지도 못하고 떠나게 되었다는 자조 섞인 푸념도 있다. 결국 병들고 나서야 건강이 가장 소중하다는 것을 깨닫게 되는 것이다. 치료가 성공적으로 이루어져 건강을 회복하고 통증마저 사라진다면, 그 자체만으로도 다시금 행복을 느낄 수 있다.

병든 몸으로 요양병원에서 100세까지 장수한다고 한들 무슨 의미가 있을까. "오랜 병환에는 효자도 드물다."라는 속담이 있지 않은가. 기력이 쇠하고 병들어 거동조차 불편할 때, 자식들이 나를 요양원에 보내지 않으리란 보장은 그 어디에도 없다. 그렇다면 아프기 전에 빨리 죽어야 하나! 하지만 그것은 내 의지대로 되는 일이 아니다. 결국 우리가 할 수 있고 또 해야 하는 것은, 건강이 최우선인 만큼 모두가 자신의 건강을 지키도록 다방면으로 관심을 기울이고 노력을 해야 한다는 점이다. 평균 수명이 늘어난 만큼, 요양병원 침대에서 보내는 시간을 가능한 한 줄여야 한다. 대부분 건강하게 오래 살다가 어느 날 갑자기 잠들 듯 세상을 떠나기를 바라지만, 현실은 그렇지 않다. 그런 경우는 극히 드물다. 오늘날 현실을 보면, 많은 이들이 결국 요양병원에서 마지막 순간을 맞이하며 하늘의 부름을 기다리는 경우가 많다.

일시적인 질병으로 완치가 가능하다면 괜찮겠지만, 오랜 기간 앓고 완치가 불가능한 질병으로 인해 일상생활이 어렵다면 삶의 질은 크게 저하될 수밖에 없다. 고통이 오래 지속되면 대다수는 우울감을 느끼기 마련이다. 그 우울감이 심화되면 우울증으로 이어질 수 있다. 육체 건강은 정신 건강과 밀접하게 연결되어 있다. 만약 고통 속에서 살아가다 잠시라도 그 고통이 사라지면, 세상은 이전과 다르게 아름답게 보이기도 한다. 잠시 삶에 대한 자신감이 샘솟고 마음의 평안을 느끼기도 한다.

몸이 몹시 아프면 자기 자신을 돌보는 일조차 힘겹다. 그렇기에 하고 싶던 일이나 꿈꾸며 계획했던 일들을 결국 포기하게 된다. 그러한 아픔을 겪어본 사람은 건강의 소중함을 그 누구보다 절실히 깨닫게 된다.

나이가 들어 몸이 아픈 것은 자연의 섭리이나, 건강은 좋을 때 올바른 생활 및 식습관으로 관리해야 고통을 예방할 수 있다. 이미 병이 들었다면 회복에 상당한 시간이 소요될 뿐만 아니라, 돌이킬 수 없는 고통스러운 날들을 보내야 할 수도 있다. 건강 회복을 위해 시간을 허비하고 경제적 부담까지 짊어져야 하므로, 정작 하고 싶었던 일이나 꿈을 상당 부분 포기해야 하는 삶을 살게 된다.

건강한 삶을 유지하려면 건강할 때 균형 잡힌 식단, 규칙적인 운동, 충분한 수면, 그리고 충분한 수분 섭취가 중요하다. 명상과 취미로 스트레스를 관리하고 금연, 절주를 실천하며 긍정적인 마음으로 건강 검진을 제때 받는다면 노년의 질병을 늦출 수 있다.

  건강한 삶은 자신을 위한 것이기도 하지만, 타인에게 도움을 줄 수 있는 여유를 선사하기도 한다. 자신의 건강을 지켜 타인에게 도움을 주지는 못하더라도 타인의 도움 없이 살아갈 수 있도록 각자 스스로 노력해야 한다. 더불어 사는 사회이므로, 각자의 건강한 삶은 밝은 사회를 만드는 밑거름이 된다.

나는 도시에 사는
자연인이다

시골에서 나고 자라 자연을 매우 사랑하며 살아가는 듯하다. 하지만 나는 많은 사람들과 교류해야 우울감을 느끼지 않기에 시골 생활은 바라지 않는다. 휴식하러 잠시 머무는 건 좋지만, 인적이 드물고 너무나 고요한 시골은 우울하게 느껴진다. 추운 겨울을 몹시 싫어하는 탓에 시골 단독 주택보다는 늘 아파트 생활을 고집한다. 아파트에 살면서도 봄가을이면 자연산 나물과 버섯 채취를 즐겨한다. 뿐만 아니라 여름이면 도랑 낚시 또한 매우 즐긴다. 텃밭을 가꾸는 일에도 남다른 애정을 쏟는다. 그래서 겨울 몇 달을 빼고는 봄부터 늦가을까지 자연인과 다름없는 삶을 살아간다.

가끔 지인들을 초대해 음식을 대접할 때면, 고기를 제외한 모든 재료를 자연에서 얻거나 직접 키운 채소로 준비했다는 것을 굳이 말하지 않아도 다들 알아챌 정도다. 지인들은 건강식이라며 매우 만족스러워한다. 다들 부지런하다며 대단하다는 칭찬을 아끼지 않는다. 그러면서 건강하기에 그런 생활이 가능한 것이라고 말들 한다. 그럴 때면 자연을 가까이하지 않았다면 지금보다 건강이 더 나빴을 거라고 답한다. 몸이 힘들고 아플 때는 하루 종일 누워 지내기도 해봤다. 잠이 많은 탓에 졸릴 때는 하루 종일 잠만 잔 적도 있다. 계속 누워 있다고 병이 낫거나, 종일 잠만 잔다고 정신이 맑아지고 컨디션이 좋아지는 것은 결코 아니었다. 살면서 몇 번이고 되풀이해 보니 몸은 축 처지고 기운은 하나도 없으며, 일어나기가 더욱 싫어졌다. 나는 그것이 건강을 해치는 행동임을 깨달았다.

십여 년 전의 일인데, 추운 겨울에 걸린 감기가 한 달이 지나도 낫질 않았다. 병원에 가서 주사도 맞았지만, 차도는 없이 한 달 내내 머리가 아프고 콧물이 멈추질 않았다. 그때는 매서운 한파가 몰아치던 겨울이었다. 내가 속한 열정 여성 축구팀은 영하 15도에서 18도에 이르는 추운 날씨에도 한밤중에 축구를 즐겼다. 나는 감기에 걸려 한동안 앓았고, 일 때문에 운동장에 나가질 못했다. 한번 걸린 감기가 오래도록 낫지 않자, 땀을 흘리고 나면 괜찮아질 수도 있겠다는 생각이 들었다. 오랜만에 운동장에 가서 땀 흘릴 생각에 옷을 껴입고 공을 차러 나섰다. 꽤 추운 날씨에도 축구를 하니 땀이 잔뜩 났다. 한 게임이 끝나 잠시라도 쉴 때면 땀이 식고 온몸이 추워져 감기가 더 심해질까 걱정됐다. 땀에 젖은 머리카락에는 얼음이 얼 정도로 매서운 추위였다. 모두 감기 걸릴까 봐 쉬지 말고 공을 차자고 했다. 몇 게임을 뛰는 동안 오랜만에 옷이 흠뻑 젖을 정도로 땀을 흘렸다. 집에 와서는 얼른 샤워를 하고 잠을 푹 잤다. 다음 날 아침, 한 달 넘게 낫지 않던 감기가 감쪽같이 사라졌다.

그 뒤로는 몸이 조금이라도 아프거나 피곤하고 졸려 일어나기 싫어도, 충분히 잤다면 벌떡 일어나 움직인다. 그렇게 몸을 움직이면 아픈 곳이 낫기도 하고 몸이 풀리는 듯한 기분이 들었다. 거기에 자연의 것을 섭취하면 건강이 더욱 좋아질 거라는 믿음이 생겼다.

사람은 자연에서 왔다가 결국 자연으로 돌아간다는 말을 믿으며 살아간다. 그러므로 건강 또한 자연에서 얻는 것이 자연스럽고 당연하다고 여겨진다. 건강하고 부지런한 삶을 위해 자연과의 긴밀한 관계를 유지해야 한다. 그것이 내 건강을 지키는 가장 좋은 방법이라 생각하며 하루하루를 살아간다.

3

건강을 위한 나만의
민간요법과 치유 방법

발목 부상

나는 17세라는 이른 나이에 직장 생활을 시작했다. 첫 직장 생활은 섬유 회사에서 베를 짜는 일이었다. 직장 생활을 시작한 지 얼마 되지 않은 상태였는데, 발목에 금이 가는 부상을 입었다. 부상 원인은 섬유 회사에서 사용하는 빔, 즉 실을 감아놓은 큰 빔 때문이었다. 매달린 빈 빔을 보자 장난기가 발동한 것이다. 그네처럼 타다가 휘청거리는 바람에 그대로 꼬꾸라졌다. 발목이 꺾여 걸을 수 없을 만큼 통증과 부기가 심했다. 치료를 위해 병원에 다녔지만, 양팔로 두 개의 목발을 짚어야 함에도 하나의 목발만 짚고 다녔다. 그러다 보니 중심을 제대로 잡지 못하고 걸어 다녔다. 바르지 못한 자세로 지낸 탓인지, 시간이 흐르자 양쪽 다리와 무릎에 통증이 느껴지기 시작했다. 발목은 나았다고 했지만, 계속 병원에 다녀도 뾰족한 수가 없다고 했다. 한의원에서 침도 맞아봤지만, 호전은 없이 시간과 돈만 낭비하는 듯했다. 그 후 계속되는 무릎과 다리 통증에, 평생 이렇게 살아야 할까 하는 생각에 우울감마저 엄습했다. 섬유 회사에서 베를 짜는 일은 계속 서서 해야만 했다. 아픈 다리로 일하려니 자신감은 물론, 앞으로의 삶에 대한 불안감마저 엄습했다. 다른 직업을 구했지만, 그 일 또한 계속 서서 해야 했다. 일을 멈출 수 없었기에, 괴롭고 힘들어도 묵묵히 견뎌야만 했다.

어느덧 20대 중반이었지만, 버스 정류장에서 버스를 기다리거나 어딜 가든 다리가 아파 주저앉아 있기 일쑤였다. 그 후로도 아픈 다리는 29세에 결혼을 하고 아이 둘을 낳고도 쭈욱 이어졌다.

축구는 내 삶의 활력소

결혼 3년 후, 1남 1녀의 두 자녀를 두게 되었다. 직장 생활은 하지 않았지만 다리는 계속해서 아팠고, 온몸이 쑤시는 데다 가끔 저리기까지 하여 아이 둘을 키우는 것조차 버거웠다. 아이들이 세 살, 다섯 살 되던 해, 남편을 출근시키고 아이들을 어린이집에 보낸 후, 습관처럼 오전에 주로 잠을 자거나 가끔 인터넷 고스톱을 즐기며 게으름을 부렸다. 몸은 천근만근처럼 무겁게 느껴졌다. 그런 생활이 계속될수록 우울증과 의욕 상실증에 시달릴 수도 있겠다는 생각마저 들었다.

그때가 내 나이 30대 중반이었다!
출산 후 온몸은 쑤시지 않는 곳이 없었고, 한없이 쳐지는 데다 다리에 힘까지 빠져 정말 죽을 것만 같았다. 한여름 에어컨은 물론 선풍기 바람조차 쐬지 못할 정도로 온몸은 쑤셔댔다. 이래선 안 되겠다는 생각에 운동이라도 하면 나아질까 싶어, 어느 날 가까운 야산이라도 걸으며 운동을 해야겠다고 마음먹었다. 다리가 아파 버스 정류장 한 정거장조차 걷기 싫어했던 나였지만, 살아야겠다는 마음을 먹으니 조금씩 움직여지기 시작했다. 그때부터 동네 야산 왕복 두 시간 거리(다른 사람들은 한 시간 30분도 안 걸리는)를 천천히 걷기 시작했다. 처음에는 조금 경사진 곳도 다리가 아파 오르기가 힘들었다. 힘들어도 나아질 거라 믿으며 계속 걷다 보니, 시간이 지날수록 조금씩 나아지는 것이 느껴졌다.

그렇게 두 달 정도 산에 다녔을까, 무릎과 다리가 아팠던 것이 근력이 약해서일 수도 있겠다는 생각이 들었다. 포기하지 않고 계속 산에 다니다 보면 아픈 다리가 나아질 것이라고 믿었다. 그러던 어느 날, 나처럼 혼자 산에 다니는 모르는 사람을 만나게 되었다. 그 언니는 산에도 다니면서 헬스도 한다고 말했다. 나에게 헬스도 큰 도움이 될 거라며 함께하자고 했다. 그 후로 산에는 덜 가고 헬스장을 주로 찾았다. 러닝머신은 산행과는 또 다른 방식으로 다리 근력을 강화시키는 듯했다. 몇 달을 꾸준히 운동하니 다리 상태가 조금씩 호전되고 있었다. 그토록 아팠던 다리가 근력 부족 때문이라 생각하니 긍정적인 마음과 함께 희망이 샘솟았다. 정말 그렇다면 다리 근력만 키우면 될 일이었다.

그로부터 1~2년 후, 고향 학교 선배에게서 전화가 걸려왔다. "너, 축구 해보지 않을래?" 하고 물어왔다. 그 당시 내 나이 38세! 여자 축구는 너무 생소했고, 다리도 아픈데 내가 할 수 있을지 의문이었다. 그러자 선배는 나이 든 아줌마들이 무슨 공을 차겠냐며, 사람 좋아하고 어울리기 좋아하는 아줌마들 모임이니 함께했으면 좋겠다고 했다. 그러면서 입단을 권유했다. 30명 모집에 입단비는 물론 신발과 유니폼까지 무료로 제공한다고 했다. 마감이 얼마 남지 않았다고 했다. 나 또한 사람들과 어울리는 것을 좋아했기에 30명 중 26번째로 여성 축구단에 입단을 결심했다. 고향 선배는 우선 운동장에 한번 나와보라고 권유했다. 기대와 설렘을 안고 운동장에 나갔더니, 첫날부터 골키퍼를 맡게 되었다. 축구 경험은 전혀 없었지만, 공을 잡고 막고 차는 모습이 나 스스로 보기에도 꽤나 멋있게 느껴졌다. 하지만 다리에는 힘이 풀렸다. 누가 건드린 것도 아닌데 혼자서 픽픽 쓰러지기를 반복했다. 지금 생각해 보면 첫날에만 대여섯 번은 넘어졌던 것 같다. 계속 픽픽 쓰러지니, 이래 가지고 제대로 공을 찰 수 있을까 하는 생각도 들었다. 하지만 근력을 키우면 가능하겠다는 믿음은 있었다. 그럼에도 첫날부터 공을 차는 것은 무척 흥미로웠다. 공을 멋지게 차서였을까! 픽픽 쓰러지는 나를 보며 '물건 하나 들어왔다'는 회원들의 뒷말이 들려왔다.

첫날 운동장에 나가 입단 원서를 쓰면서 다리는 불편했지만, 우울감 해소는 물론 다리 근력까지 강화할 수 있다면 일석이조란 생각이 들었다. 그 후 축구에 재미를 붙이면서 삶의 활력이 넘쳐흐르기 시작했다. 축구하는 날이 손꼽아 기다려졌다. 평소에 게으름을 피우다가도 축구하러 가는 날이면 집안일을 서둘러 하게 되있다. 내 몸의 움직임은 어느새 정신없이 빨라지고 있었다. 잠이 많던 나는 게으름을 떨쳐내고 부지런해지려 애썼다.

 축구를 시작하면서 우울감에서 벗어나 마치 새로운 사람이 된 듯한 기분마저 들었다. 그렇게 축구를 시작한 첫 해, 축구가 너무 좋아 단 한 번도 빠짐없이 운동장에 나간 덕분에 개근상을 받는 영광을 누리게 되었다. 뛰어다니기조차 버거운 축구를 그다지 잘하는 편은 아니었다. 하지만 축구는 삶의 생기와 활력을 불어넣어 주었고, 삶의 새로운 방향을 제시해 준 행복한 취미가 되어가고 있었다. 축구를 시작한 후 조금씩 좋아지기 시작한 몸 상태는 이전과는 비교할 수 없을 정도로 호전되었다. 38세에 시작하여 재미를 붙인 축구를 50대 중반인 지금까지도 즐기고 있다. 앞으로도 건강을 잘 관리하여 환갑이 넘어서도 축구를 계속하는 것이 소망이다.

나만의
치유 관리 방법

　축구를 통해 몸 상태가 전반적으로 호전되었지만, 다리가 완전히 회복되어 축구를 계속하는 것은 아니다. 매일 수시로 다리를 풀어주고 관절 건강에 좋은 식품도 챙겨 먹으며 꾸준히 관리했다. 골반 틀어짐과 허리 통증이 다리 통증의 원인일 수 있다고 판단하여 승마 운동 기구를 몇 년째 이용하고 있다. 승마 운동 기구를 타면서 몸이 한결 가벼워졌고 다리 통증 또한 완화되는 것을 느낄 수 있었다.

　승마 기구를 처음 접하게 된 계기는 2014년쯤, 축구를 하러 가던 날 같은 아파트에 사는 지인 동생이 승마기를 구매했다며 시승을 권유하는 것이었다. 30분 정도 탔을 뿐인데 다리가 훨씬 부드러워지고 한결 가벼워진 느낌을 받았다. 계속 다리가 아픈 것이 골반 문제일 수도 있겠다는 생각에 나도 인터넷으로 승마 운동 기구를 하나 주문했다. 최근에는 아주 가끔 타지만, 10년 넘게 이용하면서 틀어진 골반을 바로잡고 몸의 균형을 잡는 데 큰 도움을 받았다. 구부정했던 등과 허리 자세가 많이 교정된 것 같다. 평소 구부정한 자세를 알던 지인이 오랜만에 나를 보더니 자세가 많이 좋아졌다고 말해줘서 알게 되었다.

몸의 균형과 바른 자세는 대동맥을 포함한 혈관 건강에 긍정적인 영향을 주어 혈액 순환을 원활하게 한다. 올바른 자세는 신체 압력을 고르게 분산해 대동맥에 가해지는 부담을 줄여준다. 반대로 나쁜 자세는 특정 부위에 압력을 집중시켜 혈액 흐름에 부정적인 영향을 미칠 수 있다. 또한, 균형 잡힌 자세는 근육과 관절의 부담을 줄여 대동맥 주변 조직을 더욱 건강하게 유지하는 데 도움을 준다. 자세가 좋으면 복부 장기와 대동맥의 위치가 적절히 유지되어 신체 기능 최적화에 기여한다.

몸의 균형과 올바른 자세가 미치는 영향에 대해 어렴풋이 알고 있었다. 하지만 아무리 자세를 바로잡으려 해도 쉽지 않았다. 그러던 중 승마기를 사용하면서 자세가 조금씩 교정되는 듯했다. 물론 안마 의자도 도움이 되기는 했다. 하지만 안마 의자는 일시적인 시원함만 줄 뿐, 자세 교정에는 미흡했다. 틈틈이 스트레칭을 해온 덕분에 건강에 많은 도움을 받은 것 같다. 따로 시간을 내기 어려울 때는 버스 운전 중 신호 대기 시간을 이용해 스트레칭을 하곤 한다. 짧게나마 하는 스트레칭은 긴장으로 뭉친 근육을 이완시켜 머리를 맑게 해주는 효과가 있었다. 또한 몸에 윤활유를 바른 듯 한결 가벼워짐을 느끼곤 했다.

살면서 발목 부상을 경험하는 사람은 흔할 것이다. 축구를 하다가, 혹은 발을 헛디며 발목 인대가 늘어나 붓는 상황을 주위에서도 보았을 것이다. 나 또한 17년 정도 축구를 하면서 발목 부상을 여러 차례 겪었다. 그럼에도 병원에 가지 않고 나만의 방식으로 발목 부상을 치유하며 지내왔다. 수년간 발목 부상을 겪으며 연구한 결과, 나만의 치유법을 찾을 수 있었다.

다만 뼈에 금이 가거나 부러지고 인대가 끊어졌을 때는 즉시 병원을 찾아야 한다. 하지만 인대가 늘어나거나 근육이 놀란 정도라면 병원에 가지 않고도 신속한 조치로 회복할 수 있다. 빠르게 대처하지 않으면 통증이 한두 달까지 이어질 수 있다. 하지만 신속하고 적절하게 대처하면 2~3일 안에 통증이 사라져 운동을 지속할 수 있다.

축구하다 발목을 삐었을 때 냉찜질을 해야 할지 온찜질을 해야 할지에 대해 많은 사람들은 냉찜질을 해야 한다고 생각한다. 냉찜질은 혈관을 수축시켜 부종과 염증 완화에 효과적이다. 또한 부상 부위의 부어오른 조직을 진정시키는 데 도움을 준다. 차가운 온도는 신경의 통증 신호 전달을 억제하여 통증을 경감시키는 효과도 있다. 근육 긴장 완화 및 경련 방지 효과도 있어, 대부분 부상 후 냉찜질이 필수라고 믿는다.

하지만 나는 다른 치유법을 사용한다. 축구 중 넘어지거나 발목을 다치면 온수 마찰을 하는 것이다. 이때 꼭 알아두어야 할 것은 발목 부상을 인지했다면 최대한 빨리 조치를 해야 효과적이다. 이는 부상 부위의 혈액 순환을 촉진하고, 부항으로 사혈하기 위함이다. 뼈에 이상이 없어도 근육이 놀라면 붓는데, 만졌을 때 통증이 심하면 염증이나 죽은 피 때문일 가능성이 크다. 여러 경험을 통해 사혈이 통증 완화에 효과적임을 알게 되었다. 수년간 축구를 하면서 발목 부상을 여러 번 겪었지만, 나만의 방법으로 2~3일 만에 완쾌되어 바로 축구를 할 수 있었다. 이 방법을 동료들에게 알려줬지만, 따라 하는 사람은 아무도 없었고 오히려 내 방법이 틀렸다며 핀잔을 주기도 했다. 그런데 핀잔을 주던 사람들 중 다수가 발목 부상으로 한두 달간 축구를 못 하게 되자, 나는 내 생각과 치유 방식에 더욱 확신을 갖게 되었다.

나만의 특별한 민간요법도 있다. 젊을 때부터 몸이 약했지만, 축구를 하면서 점차 회복되어 간다고 생각했다. 하지만 나이를 먹을

수록 온몸이 뻐근하고 무거워지며 자꾸만 처지는 느낌이 들었다. 몸이 왜 이렇게 피곤하고 무거울까, 하루에도 몇 번씩 되뇌곤 했다. 충분히 잠을 잤음에도 개운하지 않고 컨디션이 좋지 않은 날이 잦았다. 몸 상태가 좋지 않으니 모든 것이 귀찮게 느껴지기도 했다. 그러면서 점차 게으른 행동을 보이기도 했다.

그러던 2021년 어느 여름날 오후, TV에서 벌침을 맞는 어르신을 보게 되었다. 어르신은 등과 다리 등 여러 곳에 직접 벌침을 놓았다. 벌침의 효능이 매우 뛰어나다고 했다. 그리고 며칠 뒤, 다른 방송에서 벌침 맞는 또 다른 아저씨를 보게 되었다. 평소 여기저기가 늘 불편했던 나는 건강식품을 챙겨 먹고는 있었지만, 어딘가 부족함을 느끼고 있었다. 연이어 방송에서 벌침 맞는 사람들을 보면서, 나는 건강을 지키기 위한 최후의 선택이 벌침밖에 없다는 생각을 하게 되었다. 당장 벌침 맞기를 시도해 보고 싶었다.

그래서 벌침에 관련된 책을 하나 주문했다. 그 책을 읽으며 벌침을 맞기 시작한 날이 2021년 8월 10일, 뜨거운 여름날이었다. 날짜를 기억할 만큼, 벌침을 맞기 시작한 것은 내 인생에서 중대한 사건이었다. 평생 통증을 느끼며 살 것인지, 아니면 통증 없이 건강하게 살 것인지는 벌침에 달려 있다고 생각할 정도였다. 나는 책을 읽으며 벌침 효능에 대한 굳건한 믿음을 가지게 되었다. 하지만 책의 내용을 그대로 따라 할 수는 없었다. 사람마다 체질이 다르기에 반응 또한 다르게 나타나기 때문이었다.

　많은 이들은 벌침 하면 어릴 적 땅벌(땡삐)에 쏘여 붓고 가려웠던 아픈 기억 때문에 막연한 두려움을 품고 있을 것이다. 나 또한 벌침에 대한 두려움이 없는 건 아니었다. 몸의 통증을 감안하면 잠시 따끔거리고 붓는 가려움 정도는 감내해야 한다. 벌침은 반드시 꿀벌(토종벌, 양봉)로만 맞아야 한다. 나 역시 그렇지만, 벌침 애호가들은 꿀벌로 맞는 벌침이야말로 사람들의 고통을 덜어줄 수 있는 마지막 희망이라고 여길지도 모른다.

　우리 몸속에는 온갖 독소들이 가득할 것이다. 몸속 독소를 제거해야 건강해진다는 사실을 많은 이들이 알고 있을 것이다. 이열치열처럼 이독치독이라는 말도 있다. 이는 몸속 독소를 벌침의 독으로 다스린다는 의미이다. 사람마다 체질과 몸 상태가 다르므로, 같은 벌침을 맞아도 반응은 제각각일 수 있다. 처음 벌침을 맞으면 알레르기 반응이 심하게 나타날 수 있다. 몸에 독이 침투했을 때 이상 반응이 나타나는 것은 당연하다. 그 이상 반응은 이독치독 효과로 인한 명현반응일 수 있다. 만약 알레르기 반응으로 붓거나 가려운 증상이 없다면, 그것이 오히려 특이한 체질일 가능성이 높다.

　처음 벌침을 맞을 때는 쇼크사의 위험이 있을 수 있으므로, 심장에서 먼 부위부터 시침해야 한다. 그래서 무더운 여름날, 내가 가장 먼저 벌침을 놓은 곳은 양 팔꿈치였다. 나의 체질과 몸 상태를 잘 몰라 벌침을 놓자마자 바로 제거했다. 처음이라 그런지 몹시 따끔거렸다. 하지만 따끔거림은 곧 사라졌다. 그러나 벌침을 제거한 후 5분, 10분, 시간이 지나면서 팔은 점점 부어오르기 시작했다. 점점 부어오르는 팔을 보며, 곧 벌침 효과가 나타나겠다고 생각했다. 벌침을 맞은 다음 날, 팔은 탱탱하게 부어 있었다. 옷을 입으니 와이셔츠가 터질 듯 꽉 꼈다. 게다가 벌침을 맞은 팔꿈치 주변은 뜨거울 정도로 열기가 심했다. 계란 프라이를 할 수 있을 정도의 뜨거운 느낌이었다. 한여름이라 더욱 심하게 느껴졌다. 가려움 또한 매우 심했다. 가려움을 참지 못해 때리거나 긁기도 했다. 긁으니 짜릿할 만큼 시원한 쾌감이 느껴졌다. 벌침을 맞은 지 3일이 지나자 부기와 가려움이 거의 사라졌다. 그 부위가 훨씬 부드러워지고 통증도 덜해지는 느낌이었다. 벌침을 알게 된 것이 행운이라는 생각마저 들었다. 아프면 병원에 가서 주사를 맞고 몸에 좋지 않은 진통제를 먹어야 한다. 하지만 벌침을 자주 맞으면 그럴 일이 줄어들 테니, 벌침을 알게 된 것이 행운이라고 생각하게 된 것인지 모른다.

팔꿈치에 처음 벌침을 맞은 후 일주일 뒤, 발목 주위와 무릎에도 벌침을 맞았다. 일주일에 한 번씩 벌침을 맞기로 마음먹었다. 몇 차례 벌침을 맞으면서 몸이 전체적으로 가벼워지는 느낌과 함께 컨디션도 좋아졌다. 자고 일어나면 벌침을 맞기 전보다 훨씬 개운하게 느껴졌다. 나에게 벌침은 매우 탁월한 선택이었다. 그해 늦가을, 김장을 앞두고 허리 통증이 심해 걱정이 컸다. 그래서 허리에 벌침을 맞아보기로 했다. 그동안 내 몸이 벌침에 잘 적응한 탓일까!

처음 벌침을 맞을 때는 침을 꽂자마자 바로 **뺐는데도** 부기가 심했다. 그런데 자주 맞으니 벌침을 놓은 후 한참 뒤에 **빼도** 부기가 훨씬 덜했다. 심지어 붓지 않고 멀쩡한 부위도 있었다. 벌침에 면역이 생긴 모양이다.

처음 허리에 벌침 두 방을 맞으니 콩알만큼 살짝 부었다 가라앉았다. 가려움 또한 미미했다. 다리까지 부드러워지니 몸이 한결 가볍게 느껴졌다. 벌침 덕분에 그해 김장을 수월하게 마칠 수 있었다.

어느 날, 벌침을 맞으려고 꿀벌을 잡다 눈 주위에 세 방이나 쏘였다. 눈이 퉁퉁 붓는 바람에 앞이 제대로 보이지 않을 정도였다. 앞이 잘 안 보여 불편했지만, 시간이 지날수록 머리가 맑아지는 것을 느낄 수 있었다. 컨디션까지 좋아지는 것을 보니 벌침 효과를 톡톡히 보고 있었다.

살면서 손을 많이 써먹은 탓인지 버스 운전 중 사이드 브레이크를 조작할 때 손에 통증을 심하게 느끼곤 했다. 신호 대기 중에 사이드 브레이크를 채우는 것이 싫어 브레이크를 계속 밟고 있기도 했다. 손에 벌침을 맞으면 분명 효과가 있을 거라 믿었다. 어느 날

손의 통증을 없애고자 양손 중지에 벌침을 한 방씩 놓았다. 손은 퉁퉁 붓고 열감과 간지러움이 아주 심했다. 처음 손에 맞는 벌침이라 더욱 심하게 느껴지는 듯했다. 사흘 정도 지나자 손의 통증이 80%가량 줄어 버스 사이드 브레이크(승용차와 다름)를 조작하는 데 두려움이 사라졌다. 그 후 몇 년이 지났지만 예전 같은 손의 통증은 거의 느끼지 못하고 있다. 벌침을 여러 번 맞으며 느낀 점은 맞은 부위뿐 아니라 주변 부위에도 영향을 미친다는 사실이었다.

    토종벌을 키우는 남편은 벌침 맞는 것을 몹시 싫어한다. 벌침 효능을 알아버린 나는 남편이 가끔 벌에 쏘이기라도 하면 오히려 잘 됐다며 박수를 치곤 한다. 어느 날, 뜻하지 않게 무릎에 쏘인 남편은 무릎이 훨씬 부드러워졌다고 신기해했다. 벌침의 효험을 본 듯했다. 그런데 벌침 맞기를 꺼려 하는 이유를 잘 모르겠다.

    무릎 관절염으로 수년째 약으로 살고 있는 내 지인도 벌침은 도저히 무서워서 못 맞겠다고 했다. 벌침 효능을 아무리 이야기해도 믿지 않던 그 지인은, 몹시 아팠던 어느 날 내가 벌침 맞는 모습을 보더니 한 방만 놔달라고 청했다. 두 방을 놓아주겠다고 하자, 그는 도저히 안 되겠다며 한 방만 맞겠다고 했다. 그렇게 벌침 한 방을 맞은 지인은 무릎이 한결 부드러워졌다고 말했다. 그래서 내가 벌침을 맞을 때 가끔 같이 맞자고 권했으나, 그는 무섭다며 어쩌다 한두 번 맞았을 뿐이었다. 그러던 어느 날, 무릎 통증이 너무 심했던지 내가 없는 사이 스스로 벌을 잡아 벌침을 놓았다고 했다. 벌침의 효험을 알게 된 것이다. 그 지인이 벌침을 한 방 맞기 시작한 지 2년 쯤 지난 요즘, 먼저 벌침을 맞으러 텃밭에 가자고 한다. 그리고 하루 세 방은 거뜬히 맞는다. 자주 벌침을 맞아서인지 부기도 약하게 있을 뿐이라 한다. 허리고, 다리고 벌침 맞은 곳이 많이 부드럽고 가벼워졌다며 웃음을 보이곤 한다.

벌침이 분명 효능이 있을 텐데, 그 이유가 무엇일까 곰곰이 생각해 보았다. 염증 제거에 탁월한 효과가 있다는 놀라운 사실을 알게 되었다. 그래서 나는 민간요법인 데다 공짜로 맞을 수 있고, 건강을 지키고 유지하는 데는 벌침만 한 것이 없다고 믿으며 벌침 마니아가 되어가고 있다.

추운 겨울에는 꿀벌들이 활동하지 않으므로 들에서 꿀벌을 찾아볼 수가 없다. 만약 추운 날씨에 돌아다니면 금세 얼어 죽을 것이다. 따라서 겨울에는 벌침을 맞기가 쉽지 않다. 하지만 기온이 올라 따뜻한 겨울에도 벌침을 맞을 기회가 있기는 하다. 따뜻한 겨울, 한낮에 남편이 키우는 벌통 앞에 가면 가끔 꿀벌이 나오기도 한다. 꿀벌은 겨울에는 활동량이 적어 독성이 미미하다. 하지만 벌침을 맞을 수만 있다면 그날은 뜻밖의 행운을 얻는 날이다. 꽃이 피기 전에는 꿀벌들이 활동하지 않아 들에서 찾아볼 수 없기에 벌통 앞을 서성이게 된다.

따스한 봄, 꽃이 피고 꿀벌이 활동을 시작할 무렵이면 벌침을 맞으려 잠자리채를 들고 텃밭과 들을 헤맨다. 꿀벌을 잡아 그 자리에서 벌침을 놓는 것이다. 늦가을이 깊어갈 때 피어 있는 꽃들은 서릿발에 시달린다. 그때까지 겨울 양식을 벌집에 채우려 부지런히 움직이는 꿀벌도 있다. 이러한 이유로 그때까지 들에서도 꿀벌을 볼 수 있는 것이다. 꽃이 피기 시작하는 4월부터 10월까지는 들에서 꿀벌을 흔히 볼 수 있다. 주변에 토종벌이나 양봉하는 사람이 보이지도 않는다. 그런데, 그 많은 벌들이 어디서 날아왔는지 궁금해진다. 집도 멀리 있을 텐데, 어찌 알고 멀리까지 와서 일하고 제집을 찾아 들어가는지도 신기할 따름이다.

벌침은 통증 완화에 효능이 있다고 알려져 있다. 벌침 성분이 염증 감소에 도움을 주어 통증 완화에도 기여하는 것이다. 이는 관절염이나 염증성 질환에 긍정적인 영향을 줄 수 있다. 여드름이나 피부 염증 또한 염증 반응이므로 피부 문제 개선에 도움이 될 수 있다. 벌침은 면역 체계 강화에도 기여하며, 자주 맞으면 면역력 증진을 기대할 수 있다. 다만 벌침의 효능은 개인차가 있으므로, 처음 시작할 때는 아주 약하게 (침을 놓자마자 바로 빼거나 한 방부터 시작하는 등) 시술해야 한다.

꿀벌은 침을 쏘면 생을 마감하기에, 웬만해서는 함부로 침을 쏘지 않는다. 하지만 위급한 상황에서는 기꺼이 목숨을 내어놓기도 한다. 꿀벌에게 급박한 상황이란, 외부에서 벌집을 침입하여 꿀을 약탈하려는 낌새를 감지했을 때를 의미한다. 또 다른 이유로 모두가 위급하다고 판단하면, 떼를 지어 나와 집중적으로 공격한다. 꿀벌에게 여러 방 쏘이더라도, 말벌에게 쏘여 사망한 사례는 있어도, 꿀벌에 쏘여 사망했다는 이야기는 들어본 적이 없다. 꿀벌의 독은 말벌보다 훨씬 약하지만, 몸의 치유를 돕기도 한다. 내 지인 한 사람은 벌침을 한 번에 여섯 방까지 맞는다고 한다. 오랫동안 맞아 면역이 생겨 괜찮다고 했다. 토종벌을 키우는 사람이기에 벌침에 대해 매우 긍정적인 견해를 지니고 있다. 나 역시도 요즘 가끔 하루에 여섯 방에서 일곱 방 까지 맞아도 괜찮은 거 보니 면역이 제대로 생긴 모양이다.

꿀벌은 하늘이 내린 엄청난 선물이라 해도 지나치지 않다. 꿀벌은 우리에게 없어서는 안 될, 꼭 필요한 존재다. 만약 지구에서 꿀벌이 사라진다면 생태계는 크게 변화할 것이다. 아니, 생태계가 파괴될지도 모른다. 꿀벌 없는 지구는 생명체가 존재할 수 없는 황량한 땅이 될 것이다. 굳이 이유를 들자면 식물, 동물, 사람을 막론하고 대부분의 생명체는 암수가 존재한다. 식물은 바람에 의해 자연적으로 수정이 되기도 한다. 하지만 대다수 식물은 작은 곤충에 의해 수정된다. 수정을 통해 식물은 열매와 씨앗을 맺는다. 종족 번식을 위한 최고의 공신은 꿀벌이라 해도 좋을 것이다. 그렇게 자라 열매를 맺고 번성한 식물은 사람과 동물에게 없어서는 안 될 존재가 된다. 그 결과, 지구상의 대부분 동식물은 꿀벌의 도움을 받으며 살아간다.

이러한 이유로, 최근 지구 환경 문제로 사라져 가는 꿀벌에 대해 많은 이들이 안타까워한다. 그래서 일부 사람들은 벌침을 맞는 것에 대한 부정적인 견해를 보인다. 꿀벌을 학대하는 행위라고도 한다. 어찌 보면 그들의 말에 전적으로 공감한다. 그러나 동식물이 살아가는 데 있어 먹고 먹히는 생태계는 자연스러운 현상이 아닌가! 동물의 왕국을 보면 알 수 있듯이 말이다. 그렇다면 우리가 즐겨 먹는 닭, 오리, 소, 염소, 돼지가 도살장으로 끌려가는 것은 학대가 아니던가! 인간이 즐겨 먹는 바닷물고기를 산 채로 도마 위에 올리는 것은 또 어떤가!

벌침을 맞을 때면 우리에게 소중한 꿀벌이 안쓰럽게 느껴지기도 한다. 마음이 찢어지는 듯 아플 때도 있다. 그럴 때면 내가 잡은 것은 아니지만, 식탁 위에서 눈을 깜빡이던 광어의 눈을 떠올리곤 한다. 또한, 내 눈과 입을 즐겁게 해주려 뜨거운 물에 몸을 던지는 산낙지를 생각하면서, 마음을 달래며 벌침을 꽂는다. 더불어 벌통 안 꿀벌들이 떼죽음을 당하는 모습을 상상하기도 한다. 몇 마리의 꿀벌보다 내 건강이 더 소중하다는 생각에, 나는 벌침을 사랑하기로 마음먹었다. 그리하여 수십 년간 아팠던 몸을 몇 년간 벌침으로 다스리며, 완전하진 않지만 건강을 유지하며 부지런히 살아가려 노력 중이다. 아무것도 할 수 없을 만큼 아프기 전에 건강관리에 힘

쓰는 것이다. 몸이 아파 아무것도 할 수 없게 되면, 무기력해지고 심지어 우울증까지 겪을 수 있기 때문이다. 그렇게 되면 심신이 지쳐 삶의 의욕마저 잃을 수 있다는 생각이 든다.

그래서 나는 그렇게 될까 두려움에 누워 뒹굴뒹굴하다가도 '너~! 너!~! 너~!!! 그러면 주웅느은다아~~~' 하며 벌~떡 일어나 움직인다. 힘들고 아프다고 계속 누워만 있으면 몸이 더욱 망가진다는 사실을 이미 오래전에 깨달았다.

수십 년을 사용한 신체가 나이 들면서 아프지 않을 리 만무하다. 건강했던 사람도 나이가 들면 질병에서 자유로울 수 없다. 아무리 몸 관리를 잘한다 해도 우리의 장기는 한 두 개가 아니므로 더더욱 질병으로부터 자유로울 수 없는 것이다. 다만, 그 시기가 남들보다 빠르냐 늦느냐의 차이일 뿐이다.

고혈압 가족력이 있는 나는 몇 달 전 고혈압 진단을 받았다. 나름 관리한다고 했지만, 가족력은 어쩔 수 없었다. 나에게 맞는 고혈압 약을 처방받고 고혈압 관리에 집중하기 시작했다. 우선 고혈압 약을 복용하는 동시에, 너무 저렴하지 않은 혈압계 하나를 구입했다. 기상 직후 혈압을 재고, 식사 후에도 재고, 여러 음식을 섭취한 후에도 재고, 잠자기 전, 운동 후에도 재는 등 수시로 혈압을 측정했다. 그 결과, 몇 달 만에 혈압을 조금이라도 낮추는 방법을 알아낼 수 있었다.

고혈압이 있는 어르신들은 추운 겨울철에 외출을 자제하는 것이 좋다. 혈압이 높고 신체 기능이 저하된 어르신에게 추운 날씨에 외부 활동은 위험할 수가 있다. 이는 외부 활동으로 인해 몸이 차가워지면 혈압이 상승할 수 있기 때문이다. 혈관 압력이 높아지면 심뇌혈관 질환으로 인해 사망에 이를 수도 있다. 고혈압은 여러 질병의 발병 위험을 높일 수 있다. 관리를 소홀히 하거나 고혈압 약을 제때 복용하지 않으면 생명까지 위협받을 수 있다. 대표적인 고혈압 관련 질환으로는 심장병, 뇌졸중, 뇌출혈 등이 있다. 뇌 혈류에 영향을 주어 인지 능력 저하나 치매 같은 정신 질환을 유발할 수도 있다. 또한, 신장 손상을 일으켜 만성 신장 질환이나 신부전으로 악화할 수 있다. 눈 혈관에도 영향을 주어 시력 저하나 망막 손상을 일으킬 수 있다. 고혈압은 당뇨병, 고지혈증과 함께 다양한 질병으로 이어질 수 있는 주요 건강 문제다.

나에게도 찾아온 고혈압

한번 복용하기 시작하면 끊지 말고 죽을 때까지 먹어야 한다는 고혈압 약!

어떻게 하면 고혈압 수치를 낮춰 약을 끊어볼 수 있을까 고민했다. 여러모로 시도해 본 결과, 혈압을 조금이라도 낮추는 방법을 알게 되었다. 그 방법을 알았다고 해서 혈압이 정상으로 돌아온 것은 아니다. 아무리 관리를 잘해도 가족력은 무시할 수 없다. 가족력 중에서도 관리가 가장 힘든 것은 당뇨병이라고 생각한다. 때때로 당뇨병 가족력이 없음에 감사할 따름이다. 어쩌면 가족력은 숙명과 같은 것일지도 모른다. 아무리 관리를 잘해도 피할 수 없기 때문이다. 하지만 꾸준히 관리한다면 정상 수치는 아니더라도 어느 정도 낮출 수는 있지 않을까 생각된다.

고혈압을 낮추는 가장 좋은 방법은 몸의 온도, 즉 체온을 높이는 것이다. 체온은 다양한 방식으로 높일 수 있다. 따뜻한 물이나 차를 마시거나, 음식을 섭취하거나, 가볍게 술을 마시거나, 운동을 하는 등 체온을 높이면 혈압을 조금이라도 낮출 수 있다. 혈압을 낮추는 가장 좋은 방법은 운동이며, 많은 이들이 이를 권장한다.

개인차가 있을 수 있으나, 체온을 높이면 상승했던 혈압이 다소 낮아짐을 알 수 있다. 이러한 이유로 추운 겨울철에 어르신들의 외출 자제가 권고되는 것이다. 혈압, 당뇨 등 특정 질환을 가진 사람은 약물에 의존하는 것이 불가피할 수 있다. 운동을 통해 건강을 관리하라는 것은 적정 체중 유지와 더불어 체온을 높이라는 의미이다.

운동으로 땀을 흘리면 자연스레 물을 많이 마시게 된다. 이때 몸속 노폐물이 땀을 통해 배출된다. 사람의 신체는 평균적으로 60~70%가 수분으로 이루어져 있다. 물을 충분히 섭취하면 끈적한 혈액이 묽어지고 맑아지는 효과가 있다. 신체 활동을 통해 근육이 이완되면서 통증 완화에 도움을 줄 수 있다. 또한, 운동으로 땀을 흘리면 체온 상승과 함께 수축되었던 혈관이 이완되어 혈압을 낮추는 데 기여한다. 이것이 바로 고혈압 환자들이 운동을 필히 해야 하는 이유다. 꾸준한 운동은 건강 회복은 물론 삶의 자신감까지 높여준다. 건강이 좋아지면 더욱 부지런해져 삶의 질 또한 향상된다.

겨울철에는 혈압이 상승하기 쉬우므로, 추위를 막고 체온을 유지하기 위해 추운 날 나는 출근할 때 핫팩 두 개를 챙겨 집을 나선다. 그 핫팩은 퇴근할 때까지 따뜻함이 지속된다. 스트레스를 다소 받는 직업이지만, 종일 운전 후 퇴근하여 집에서 혈압을 측정해 보면 정상 수치에 근접한 경우가 많다. 이러한 점을 볼 때, 체온을 높이는 것이 상승했던 혈압을 낮추는 데 어느 정도 효과가 있는 듯하다.

고혈압 환자는 스트레스를 최대한 줄여야 한다. 혈압이 있는 사람이 갑작스럽게 과도한 스트레스를 받으면 혈압 상승으로 인해 혈관이 막히거나 터져 쓰러질 수 있다. 낙천적이고 긍정적인 사람이 질병에 잘 걸리지 않는 이유도 이와 무관하지 않을 것이다.

혈압이 정상인 사람이 고혈압 약을 복용하면, 고혈압보다 더 위험한 저혈압이 나타날 수도 있다. 몇 달 전, 남편은 혈압이 약간 높다는 진단을 받고 병원에서 고혈압 약을 처방받았다. 처방 직후

2~3일간 약을 복용했다. 이후 매일 혈압을 측정한 결과, 100/70, 90/60과 같이 지속적으로 저혈압 수치를 보였다. 고혈압 약을 계속 복용할 수가 없었다. 그 후 한동안 고혈압 약 복용을 중단했음에도 혈압은 계속 저혈압 상태였다. 몇 달간 고혈압 약을 복용하지 않은 남편은 현재 정상에 가까운 혈압을 유지하고 있다. 남편은 저혈압이 고혈압보다 더 위험하다는 말을 듣고 한동안 걱정이 많았다. 고혈압이든 저혈압이든 혈압이 정상 범위를 벗어난다면 수시로 혈압을 체크하며 관리해야 할 것이다.

 고혈압 가족력이 있는 나는 아침저녁으로 혈압을 확인한다. 운동과 건강한 식습관을 통해 관리하면 약을 끊을 수도 있다는 기대를 품고 있다. 때로는 혈압이 정상 범위에 있거나 그 이하로 떨어지기도 한다. 그럴 때는 약을 복용하지 않지만, 주위에서는 한번 처방받은 고혈압 약을 임의로 중단하면 큰일 날 수 있다고 걱정한다. 대부분 고혈압 약은 부작용이 크지 않으니 꾸준히 복용하라고 권한다. 몇 달간 수시로 혈압을 체크하며 관리한 결과, 자고 일어난 직후 혈압을 쟀을 때 가장 높게 나타났다. 잠을 적게 잔 날보다 많이 잔 날에 혈압이 오히려 더 높게 나올 때가 많았다. 춥게 잔 날에는 혈압이 더 높았다. 아침 식사 후 활동을 시작하면 고혈압이었던 혈압 수치가 다소 떨어지거나 정상 수치를 회복하기도 한다. 활동량이 많은 낮에는 혈압이 정상에 가까워지는 경우가 많다. 그렇게 건강을 되찾고자 고혈압에 좋다는 음식을 챙겨 먹고, 땀을 흘리기 위해 꾸준히 운동을 한다. 혈압을 수시로 확인하고, 혈압이 다소 높다고 판단될 때는 약을 복용하며 스스로 혈압을 관리하고 있다.

 몇 달 전 독감으로 꼼짝도 할 수 없을 만큼 심하게 앓았던 적이 있다. 그동안 몸을 제대로 돌보지 못하고 혹사한 탓인지 면역력이 급격히 떨어진 듯했다. 꼼짝도 할 수 없는 지경이니 우울감은 물론, 자연스레 무기력해질 수밖에 없었다. 무엇보다 온몸이 쑤시고 통증이 심해 견디기 힘들 정도였다. 독감이라 며칠 앓고 나면 괜찮아지리라 생각하니 희망이 보였다. 만약 만성 질환으로 이어진다면 우울증까지 겪을 수도 있겠다는 생각이 들었다. 나이가 들면 누구나 병에 걸리는 것은 자연스러운 이치다. 하지만 아픔을 덜 느끼려면 건강할 때 미리 건강을 지키도록 노력하는 것이 당연하다. 몸이 아프다면 어디가, 어떻게 아픈지, 왜 아픈지 알아보고 관심을 기울여야 한다. 관심을 가져야 치유될 가능성이 훨씬 높아지기 때문이다.

 어떤 질병이든 앓고 있다면 부끄럽게 여겨서는 안 된다. 옛말에 "병은 자랑하라."는 말이 있다. 이는 병을 의사만이 고칠 수 있는 것이 아니라는 의미를 담고 있다. 앓는 병을 누군가에게 이야기하다 보면 같은 병으로 치유된 좋은 경험을 들을 수도 있다. 몸이 아프면 병원을 찾는 것은 당연하나, 실제로 병을 고치는 데에는 환자의 마음가짐이 매우 중요하다. 환자 스스로 노력해야 병을 고칠 확률이 훨씬 높다.

 의사의 역할은 정해져 있다. 아프다면 검사하고 약을 처방하고, 그에 맞는 시술이나 수술을 하는 것이 의사의 일이다. 수술 시 신체 일부를 절개하고, 제거하고, 봉합하며, 항생제를 투여하는 것이 주된 의사의 역할이다. 대부분의 의사들은 그 외의 모든 것은 환자의 몫이라고들 한다. 몸 관리를 잘하려면 부지런해야 한다. 운동하고, 좋은 음식을 챙겨 먹고, 힐링하며, 자연을 벗 삼아 살아가려 노력해야 한다. 그렇게 살려면 게을러서는 안 된다.

 건강의 소중함을 절실히 느끼는 사람은 아파본 경험이 많은 사람일 것이다. 몸이 아프면 삶에 대한 자신감을 잃기 쉽다. 의욕마저 저하되기에 하고 싶은 일이 있어도 포기하는 경우가 잦다. 가고 싶은 곳이 있어도 만사가 귀찮아 움직이기 싫어지니, 당연히 발길이 떨어지지 않는다. 아프거나 무거웠던 몸의 통증이 사라지고 가뿐해지면, 세상이 이전과는 다르게 아름답게 보일 수 있다. 세상을 다 가진 듯한 기분에 마음이 편안해지고, 긍정적인 시선으로 세상을 바라보게 된다. 또한 어떤 일이라도 자신 있게 해낼 수 있을 것 같은 기분이 들기도 한다.

 50대 중반을 넘어서면서 깨달은 바가 있다. 해가 거듭될수록 경제적인 문제도 무시할 수 없지만, 그 무엇보다 중요한 것은 건강이라는 생각이 머릿속을 강렬하게 파고든다. 50세가 되기 전에는 돈만 많으면 현재는 물론 노후까지 행복하게 살 수 있을 것이라 생각하며 살아왔다. 하지만 주위를 둘러보니 재산은 많지만 건강하지 못한 사람들이 눈에 띄었다. 힘들게 일만 하며 살다가, 겨우 먹고 살 만해지니 병들어 오래 살지 못한다는 이야기를 듣기도 했다. 젊은 시절에는 돈이 건강보다 중요하다고 여겨 돈만 많으면 행복할 줄 알았다. 하지만 50대 중반을 넘어서니 건강의 소중함에 마음이 기운다. 행복한 삶을 위해서는 건강이 우선이다. 그래서 나만의 방식으로 몸을 관리하고 마음을 치유하며, 게으른 삶을 경계한다. 가족, 형제, 지인, 이웃 등 타인에게 심적으로나마 폐를 끼치지 않으려 노력하며 하루하루를 살아간다.

나 자신을 사랑하라

수십 년을 살아오면서 나 자신에게 단 한 번의 위로와 따뜻한 말조차 건넨 적이 없는 듯하다. 어쩌면, 그래야 한다는 사실조차 모른 채 살아온 건 아닐까! 자신을 사랑해야 남을 사랑할 수 있다는 말을 여러 번 들었지만, 그 의미를 제대로 이해하지 못했다. 한 번도 나 자신을 소중히 여겨본 적 없기에 더욱 와닿지 않았던 것 같다.

얼마 전 SNS에서 한 강사가 삶에 지친 이들에게 자신을 사랑하라는 메시지를 전하는 것을 보았다.

자신에게 '잘했어, 충분해, 더 애쓰지 않아도 돼, 지금이 딱 좋아'와 같은 위로의 말을 건네 보라는 것이었다. 나는 그 강사의 조언을 따랐다. 몸과 마음이 지칠 때 건네는 위로 한마디가 얼마나 큰 힘이 되는지 비로소 깨달았다.

어느 날, 하루 종일 버스 운전을 하고 나니 종아리가 퉁퉁 부어 있었다. 그날은 유독 몸 상태도 좋지 않았고, 스트레스도 많이 받았던 것 같다. 퇴근 후 집에 도착했을 때 나는 극도로 지쳐 있었다. 그래서 탱탱 부은 종아리를 샤워 중에 쓰다듬으면서 "오늘 고생 많았어. 정말 힘들었지?" 했더니 눈물이 금방 펑펑 쏟아지는 것이다. 그러자 하루 종일 나를 짓눌렀던 고단함이 눈 녹듯 사라졌다. 정말 신기한 경험이었다. 스스로에게 위로의 말을 자주 건네야겠다고 마음먹었다. 나를 사랑하게 될 때 비로소 행복해지고, 타인도 사랑할 수 있으리라는 생각이 머릿속을 스쳐 지나갔다. 나 자신이 소중한 존재임을 깨닫자 긍정적인 마음이 샘솟았고, 세상마저 달라 보이는 듯했다.

어떻게 하면 나를 더 사랑할 수 있을지 깊이 고민해 보았다.

나의 장점과 단점 모두를 포용하며, 있는 그대로의 나를 사랑한다. 부정적인 생각 대신 긍정적인 언어로 스스로를 격려한다. "나는 할 수 있어!"라고. 내 몸을 소중히 여기는 마음으로 건강한 식단, 규칙적인 운동, 충분한 휴식을 취하며 아프지 않도록 세심히 돌본다. 좋아하는 일을 하면서 기쁨을 느끼고, 즐거운 시간을 보낸다. 매일 감사한 일 3가지를 떠올리고 기록한다. 그러면 작은 일에도 감사하는 마음이 싹트며 긍정적인 사람으로 변화해 갈 수 있다. 타인에게 과도한 기대나 바람을 품지 말고, 오직 자신이 할 수 있는 일에 집중한다. 과거의 실수나 아쉬움을 스스로 용서하고, 앞으로 나아가는 것이 중요하다. 자신을 사랑하는 데 시간이 걸릴 수 있지만, 꾸준히 실천하면 분명 좋은 결실을 맺을 수 있으리라 본다.
　법륜스님은 자신을 사랑하는 방법은 그 무엇이 됐든 자신을 괴롭히지 않는 것이라 하였다. 지금까지 나는 얼마나 나 스스로를 괴롭히며 살아왔는지 되돌아보게 되었다.

　자신을 사랑하게 되면 타인을 사랑하는 데에도 큰 도움이 된다. 자신을 존중하고 사랑해야 비로소 타인에게 진정한 사랑을 줄 수 있다. 자신을 사랑하면 자신감이 생겨 타인과 건강한 관계를 맺는 데 도움이 된다. 자신을 이해하고 받아들일 때 타인의 감정이나 생각에 더욱 깊이 공감할 수 있다. 자신을 사랑함으로써 타인과의 관계 속에서 건강한 경계를 설정할 수 있다. 자신을 사랑할 때 타인에게 조건 없는 사랑을 베풀 여유가 생기며, 이는 곧 자신을 사랑해야 건강하고 긍정적인 대인 관계를 맺을 수 있다는 의미이다.
　스스로를 사랑해야 육체적, 정신적으로 건강해지고 삶에 대한 자신감과 자존감 또한 높아진다. 하지만 그 건강한 삶은 그 누구도 대신 만들어 줄 수 없다. 오롯이 스스로의 책임하에 삶을 만들어 가야 한다.
　행복과 불행, 그 어느 것도 타인이 만들어 주는 것이 아니다. 결국 자신의 행복도 불행도 스스로 만들어 가는 것이다. 행복의 기준은 저마다 다르지만, 행복한 삶을 위해서는 반드시 그에 상응하는 대가를 치러야 한다.

4

본래 게으른 사람은 없다

과연 태어날 때부터
게으른 사람이 있을까?

인간은 본래부터 게으른 존재로 태어나는 사람이 있을까!

부모가 게으르고 부지런하지 못하면, 그 밑에서 자란 아이들은 모두 게으른 삶을 살게 될까! 그럴 수도 있겠지만, 반드시 그렇다고 단정할 수는 없다. 성장 중인 유아기에는 알기 어렵고, 걷고 말하기 시작해도 마찬가지다. 하지만 대개 10세 이전에 성격이 형성되므로, 그때쯤 되면 어느 정도 파악할 수 있다. 게으른 사람인지 부지런한 사람인지 어느 정도는 알 수가 있다.

그런데 게으름은 본래 성격에서 나타날 수도 있지만 자라면서 환경에 따라 많이 달라질 수가 있다. 어떤 아이는 어릴 때부터 활발하지만, 지나치게 느긋해서 게으르다는 평을 듣는 아이도 있다.

그러나 게으름은 성장 과정의 상황이나 습관에 따라 변할 수 있으므로, 게으른 사람으로 태어났다고 실망할 필요는 없다. 게으르다고 해서 꼭 불행한 삶을 사는 것은 아니다. 하지만 게으름을 극복하고 부지런하게 살고 싶다면 반드시 노력이 뒤따라야 한다. 삶의 활력을 되찾아 생기 있게 살아가려면, 몸이 스스로 움직이도록 만들어야 한다. 내가 해야 할 일은 누가 시켜서가 아니라 내 스스로 책임감을 갖고 나의 의지대로 살아가야 한다. 주도적인 삶이 때로는 옹고집으로 비칠 수도 있다. 하지만 주도적인 삶을 살지 못하면 늘 타인의 인생에 이끌려 살아갈 수밖에 없고 게으른 사람으로 비춰질 수 있다.

부지런한 삶은
생각에서 비롯된다

"사람은 생각하는 동물이다."라는 말은 우리가 사고하고, 고민하며, 선택할 수 있는 능력을 지닌 존재임을 뜻한다. 생각은 우리의 행동과 삶을 형성하는 기반이므로, 긍정적이고 창의적인 사고는 더 나은 결과를 가져올 수 있다. 어떤 생각을 하느냐에 따라 우리의 현실과 삶 또한 달라질 수 있다. 그러므로 긍정적인 생각을 하도록 노력하는 것이 중요하다.

모두가 게으르다고 생각하는 사람 중 정작 자신은 게으른지를 모른 채 살아가는 이도 있을 것이다. 그저 되는대로 아무 생각 없이 살아가는 것일지도 모른다. 게으른 사람은 대개 의욕이 없을 뿐 아니라, 하고 싶은 일조차 없는 경우가 많다. 모든 것이 귀찮아 아무것도 하기 싫어하는 마음이 게으름의 주된 원인이다. 게으름은 한없는 게으름을 낳기도 한다.

　게으른 사람이 갑자기 부지런하게 산다는 것은 결코 쉽지 않다. 그러나 게으른 사람이라도 마음먹고 조금만 생각을 바꾸게 되면 부지런한 삶을 살 수가 있다. 작은 생각 하나가 큰 변화를 불러올 수 있다. 하루 5분, 혹은 아주 짧은 시간이라도 괜찮다. "나는 할 수 있어!"와 같은 긍정의 말을 자주 하며 자신을 격려한다. 부지런하게 살았을 때 얻을 수 있는 이점을 마음속에 그려본다. 목표를 시각화하는 것은 동기 부여에 효과적이다. 주변에 부지런한 사람들이 있다면 자연스럽게 자극을 받을 수 있다. 흔히 실패는 성공의 어머니라고 한다. 실패를 통해 배우고, 실패를 지나치게 두려워하지 않는 자세가 필요하다. 작은 목표라도 달성했다면 스스로를 칭찬해 주자. 성취감은 우리를 또 다른 도전으로 이끈다. 긍정적인 생각과 행동으로 서서히 변화하면 부지런한 삶을 살 수 있다.

　진정으로 부지런한 삶을 살고 싶다면, 하루 목표를 간략하게 세워 시작하면 된다. 거창한 목표보다 작은 목표부터 설정하는 것이 좋다. 예를 들어, 하루 30분 독서, 20분 스트레칭, 가족을 위한 맛있는 음식 만들기, 건강을 위해 30분 걷기, 미루지 않는 집 안 청소 등을 실천할 수 있다. 가족이 소중한 만큼, 오늘 가족을 위해 무엇을 할지 생각하면 사람은 생각하는 대로 움직이게 된다.

　내일은 무엇을 할까? 모레는 또 무엇을 할까! 계획한 일들 중 가장 중요한 것부터 우선순위를 정하여 효율적으로 진행하면 된다. 각 목표에 필요한 시간을 정해 집중하면 시간 낭비를 줄일 수 있다. 할 일 목록을 작성하면 좋지만, 여의찮다면 머릿속으로라도 기억해 두도록 한다. 하루를 마무리하며 오늘의 목표 달성 정도를 되돌아보고, 잘한 점과 개선할 점을 숙고하는 것은 유익하다. 작은 목표에서 시작하여 점차 범위를 넓혀가면, 성실한 삶을 보다 수월하게 지속할 수 있다.

매일같이 출근하는 직장인에게 하루 목표를 설정하는 것은 쉽지 않을 수 있다. 직업의 특성에 따라 하루 목표 설정 방식은 달라질 수 있다. 회사 업무를 할 때, 무작정 처리하기보다 계획적으로 접근하면 시간을 효율적으로 활용하고, 능력을 인정받을 수도 있다. 회사에서 능력을 인정받으며 일을 하게 되면 업무가 고될지라도 지루함 없이 즐겁게 일을 할 수가 있다. 그 결과 높아진 자존감은 타인에게 실망을 주지 않기 위해 더욱 노력하며 살아가게 하는 동기가 된다.

나는 격일제 버스 운전기사로, 하루 전에 다음 날 할 일을 미리 생각해 두고 시간이 나는 대로 처리하는 편이다. 격일제로 근무하기 때문에 근무일에는 새벽부터 밤늦게까지 버스 운전을 한다. 휴무일에는 전날 퇴근이 늦었더라도 가족과 함께 아침 식사를 하려고 일찍 일어나 아침을 준비한다. 대부분 근무일에는 가족과 함께 식사하기가 어려우므로, 휴일에는 되도록 가족과 함께 식사하려 노력한다. 근무일에는 출근하기 전에 그날 가족들이 먹을 밥을 미리 준비해 둔다. 반찬이 없는 날에는 미리 준비해야 하므로, 전날 잠들기 전 새벽에 일어나 무슨 반찬과 국을 끓일지 고민하며 잠자리에 든다. 새벽 일찍 출근해야 해서 미리 준비하기 어려울 때는 전날 모든 준비를 마쳐둔다. 매일 계획을 세우면 몸은 자연스레 움직이게 되고, 시간을 헛되이 보내는 것을 줄일 수 있다. 누구에게나 똑같이 하루 24시간이 주어지지만, 시간을 어떻게 활용하느냐에 따라 삶은 달라질 수 있다. 무언가를 하지 않으면 아무 일도 일어나지 않는다. 내가 할 수 있는 한 최선을 다하겠다는 마음가짐은 삶의 보람을 더욱 느끼게 해준다.

400여 평 텃밭 농사를 짓다 보니, 나는 며칠 앞을 내다보며 계획을 세우며 살아간다. 채소 심기, 웃거름 주기, 순 치기, 수확 등 모든 일을 제때 맞춰서 해야 한다. 잡초가 무성하게 빠른 속도로 자라듯 농작물 또한 빠르게 성장한다. 잡초를 뽑고 농작물을 돌보느라, 그때그때 해야 할 일들이 참으로 많다. 만만찮은 밭일이라 끝이 보이지 않는다. 그래서 휴일에 맞춰 계획을 세우고 텃밭 일을 한다. 그래야 시간을 효율적으로 쓰고 농작물도 제대로 키울 수 있다. 근무일에는 농사일을 할 수 없어, 며칠 단위로 계획을 세워 텃밭을 가꿀 수밖에 없다. 그렇게 매일 계획과 목표를 세우고 살아가려면 많은 생각을 해야 한다. 사람은 생각하는 대로 움직이는 경향이 있기에, 계획과 목표를 세우게 되면 부지런히 움직이며 살아가게 된다.

적지 않은 텃밭 일로 때로는 지치고 힘들 때도 있다. 이 짓을 왜 하고 있나 하는 회의감이 들 때도 있다. 하지만 이 일을 하지 않고 시간이 많아지면 게으름에 빠져 잠을 자는 데 많은 시간을 허비할 것이 뻔하다. 잠자기를 좋아하는 나는 나를 잘 안다.

우리의 인생은 결코 만만치 않다. 내게 가진 것이 없다면 더더욱 그러할 수 있다. 아니 모든 사람들의 삶이 그러할 수도 있다. 삶이 지치고 힘들 때 누군가는 비극적이고, 극단적인 선택을 할 수도 있다. 한 번 뿐인 내 인생을 스스로 즐겁고 행복한 삶이 될 수 있도록 노력하는 것은 마땅한 일이다. 만일 죽고 싶을 만큼의 인생이 괴롭다면 생각을 한번 바꾸어 보라.

두 눈으로 앞을 보지 못하는 장님을 생각하면서 더도 말고 덜도 말고 딱 5분만 눈 감고 살아보라! 두 눈으로 앞을 볼 수 있다는 것이 얼마나 행복한 것인지를.

두 다리가 없고 두 팔 없이 살아가는 사람을 생각해 보라. 사지 멀쩡한 것이 얼마나 감사한 일인지를.

두 눈으로 보고 싶은 것을 다 볼 수 있고 멀쩡한 두 다리와 두 팔이 있다면 세상 못 할 일이 무엇이 있겠는가!

　아무리 힘든 상황에서도 조금의 생각을 바꾸게 되면, 긍정적인 마음과 더불어 괴로움에서 벗어나 좀 더 행복한 삶을 위해 부지런히 움직이는 나 자신을 발견하게 될 것이다.

데지병에 걸리다

데지병은 다소 생소한 병이다. 하지만 누구에게나 찾아올 수 있는 일종의 게으름 병이다. 해야 하는데, 해야 하는데 하면서도 안 하고, 해야지, 해야지 하면서도 안 하는 것이 바로 데지병이다. 결국 '해야 하는데', '해야지'는 곧 하기 싫다는 의미와 같다. 하기 싫어도 훌쩍 일어나서 해야 하지만, 그게 잘 안되는 것이다. 삶의 의욕도 없고, 귀찮기만 하고, 하고 싶은 것도 없다면 데지병에 걸리기 쉽다. 데지병에 걸리면 몸의 움직임이 한없이 느려지거나, 활동량이 줄어들어 서서히 몸이 망가질 가능성도 커진다. 그로 인해 앞날에 대한 희망을 잃을 수도 있으며, 우울감을 넘어 심각한 우울증을 겪을 수도 있다.

게으름이라는 병을 유머러스하게 표현하자면, '느긋한 삶의 마스터!' 게으름을 긍정적인 시각으로 포장하면 마치 특별한 능력인 듯 느껴질 수도 있다. 소파 탐험가! 소파에 완전히 기대어 소파만이 줄 수 있는 편안함을 만끽할 수 있다. 동면 준비 중! 마치 겨울잠을 자는 동물처럼 한동안 모든 활동을 멈추고 싶은 심정을 표현한 것이다. 유머를 섞어 표현한다면, 이 상황을 조금 더 유쾌하게 받아들일 수는 있을 것이다.

하지만 데지병은 생각과 행동의 변화를 통해 충분히 극복할 수 있다. 계속 망설이지 말고, 그냥 가버리면 된다. 계속 밍기적거리지 말고, 그냥 벌떡 일어나면 된다. 일어나야 한다는 것은 이성이지만, 일어나기 싫어하는 것은 감정이다. 일어나고 싶어 하는 것은 이성이지만, 몸이 움직이지 않는 것은 감정 때문이다. 일어나기 싫어하는 것과, 일어날 수 없는 것은 엄연히 다른 문제다. 일어날 수 없다는 것은, 의지와 상관없이 신체적으로 기립이 불가능한 상태를 의미한다. 예를 들어, 심하게 다쳐 깁스를 했거나 골반 부상으로 인해 누워만 있어야 하는 상황이라면, 마음은 간절히 일어서고 싶지만 몸이 따라주지 않는 것이다.

정녕 몸이 불편해 일어나지 못하는 건 어쩔 수 없지만, 그저 싫다는 이유로 아무것도 하지 않는다면 바라는 일은 결코 일어나지 않는다. 일어나기도, 움직이기도 싫지만 1킬로미터 앞에 1,000만 원이 놓여 있다고 상상해 보자. 먼저 집어 가는 사람이 임자라고 한다면 그래도 여전히 누워만 있고 싶을까! 누군가 채갈까 조바심 내며 벌떡 일어나, 신발조차 제대로 꿰신지 못하고 뛰쳐나갈 것이 분명하다. 결국, 사람은 마음이 이끄는 대로 움직이게 마련이다.

생각과 행동의 변화는 고질적인 게으름조차 극복하게 할 수 있다. 긍정적인 마음가짐은 행동에 지대한 영향을 끼친다. '나는 게으르다'는 부정적인 생각 대신 '나는 변화할 수 있다!'라는 긍정적인 생각으로 바꾸면 더 많은 동기와 에너지를 얻을 수가 있다. 스스로 마음가짐을 바꾸는 방법은 자신을 긍정적으로 평가하고, 작은 성취에도 아낌없이 칭찬하는 것이다. 작은 성공 경험은 더 큰 동기 부여의 불씨가 된다. 마음속에 간절히 바라는 자신의 모습을 그려 보라. 목표를 시각화하면 더욱 강력한 동기 부여를 얻을 수 있다. 긍정적인 마음을 유지하기 위해 매일 감사한 일을 기록해 보자. 생각과 행동의 변화에는 꾸준한 노력과 시간이 필요하지만, 긍정적인 마음으로 시작한다면 훨씬 수월하게 목표를 달성할 수 있다. 결국, 마음만 다잡으면 게으른 삶에서 벗어나 변화된 자신을 발견할 수 있다.

남편은 지독한
게으름뱅이

 남편을 중매로 만났는데, 서로 멀리 떨어져 살았던 탓에 몇 번 만나보지도 못하고 결혼을 하게 되었다. 중매를 선 사람은 남편이 괜찮은 사람이라고 여겼기에 소개했을 것이라고 믿었다. 1월에 소개를 받고 남편에 대해 충분히 알아갈 시간도 없이 5월에 결혼을 하게 되었다. 결혼 후 시간이 지날수록 남편의 본색이 드러나기 시작했다. 알고 보니 그는 지독한 게으름뱅이였다. 살면서 그렇게 게으른 사람은 처음 보았다. 그나마 다행인 건, 남편이 일은 꼬박꼬박 나갔기에 정말 다행이라고 생각했다. 주 5일제가 아니었던 1998년, 결혼 당시 토요일은 오전 근무를 하던 때였다. 남편은 토요일 오전 근무 후 집에 돌아와 점심을 먹고, 전날 밤 충분히 잤음에도 늘 낮잠을 잤다. 씻는 것조차 귀찮아 씻지 않고 잠들 때가 많을 정도로 게을렀다. 밥 먹는 시간 외에 대부분의 시간은 월요일 출근 전까지 TV만 보며 꼼짝도 하지 않고 누워 있는 것이 전부였다. 친구도 없는지, 집 밖으로 나서는 일도 없었다. 게다가 천식도 있었지만, 늘 여기저기 아프다고 했다. 천식에 대해 전혀 몰랐던 나는 그때 처음 천식이라는 병을 알게 되었다. 계속 누워만 있으니 아플 수밖에 없다고 수없이 말했지만, 남편은 듣지 않았다. 지독한 게으름은 극에 달해 있었다. 꿈도 희망도 찾아볼 수 없는 사람이었다. 만나거나 보고 싶어 하는 사람조차 없는 듯했다. 남편은 아무리 먹어도 살이 찌지 않는 체질이다. 그러나 누구보다 식탐이 강했기에 밥은 꼭 제때 챙겨줘야 했다. 술, 담배는 안 했지만, 남편은 유독 주전부리를 즐겨 했다. 주전부리는 잠들기 직전까지 이어졌다. 심지어 자다가 깨서 먹고 다시 잠드는 날도 다반사였다. 앉아서 먹기도 했지만, 주로 누워서 먹는 일도 많았다. 몸에 해로운 줄 알면서도 고집을 꺾지 않았다. 그러다 보니 천식은 점점 더 악화되었다. 의약 분업 이전이라 동네 약국에서 감기, 천식약을 지으면 1회 복용량이 13알이나 되었다. 그 많은 약을 하루 세 번이나 먹어야 했다. 무엇이 문제였는지 약을 먹어도 차도가 없었다. 남편 건강을 위해 승용차도 없던 시절, 버스를 타고 청량리 경동시장에 가서 천식에 좋다는 배, 은행, 도라지를 잔뜩 사서 어깨가 빠지도록 짊어지고 와서 달여주곤 했다. 심지어 직접 산에서 캔 더덕을 먹이기도 했다. 별다른 차도가 없자 나도 짜증이 나서 천식을 언제부터 앓았냐고 물으니 20대 초반부터 그랬다고 했다. 원래부터 있던 천식이 아닌데 왜 갑자기 생겼냐고 물었다. 그러자 감기에 걸렸는데 병원 가기가 귀찮아 가지 않았더니 천식이 되었다고 했다. 결국 게으름이 천식을 불러온 셈이었다. 밤에 잠을 자다가 기침을 심하게 하는 바람에 옆에서 제대로 잠을 잘 수 없을 정도였다.

그러던 어느 날, 의약 분업이 시작되면서 먹던 약을 약국에서 살 수 없게 되었다. 처방전이 있어야 약을 살 수 있게 된 것이다. 나는 아주 잘된 일이라고 생각했다. 큰 병원에 가서 제대로 진료를 받아 보자고 했다. 큰 병원은 절차가 복잡하다며 가기 싫어했다. 둘째를 임신해서 몸이 너무 힘들다고 했다. 결국 설득 끝에 대학 병원에 일주일 입원하여 천식 치료를 받게 되었다. 입원 치료는 마시는 물약으로 진행되었다. 천식이 심해 처음에는 독한 물약으로 치료하다가 점차 순한 약으로 바꾸니 호전되는 기미가 보였다. 일주일 입원 후 퇴원 시 받아온 알약과 물약을 복용한 결과, 50~60% 정도 호전된 듯했다. 그동안 제대로 치료받지 않았던 것이 천식을 악화시키는 데 일조했던 것이다. 입원 치료 후 2개월이 지나 둘째가 태어날 무렵, 천식약은 모두 끊고 흡입제 하나로 생활할 수 있게 되었다. 그 후 감기를 조심하고 집 안 온도와 환기에 신경 써주었더니 예전보다 덜 고통 속에 살 수 있었다.

천식은 호전된 듯했지만, 게으름은 여전했다. 눈곱만큼의 변화조차 찾아볼 수 없었다. 전에는 천식 때문에 숨이 차서 그랬다 쳐도, 약을 끊을 정도로 나아졌다면 조금은 달라져야 하지 않나 하는 생각에 화가 났다. 갓 태어난 아기까지 있는데도 전혀 도움이 되지 않았다. 아이를 낳고 몸은 여기저기가 쑤시고 저린데, 전혀 도움이 되지 않는 남편이 오히려 짐처럼 느껴졌다. 그나마 일을 꼬박꼬박 나가는 것이 다행이었다. 주말 내내 누워만 있는 모습이 보기 싫어 잔소리를 쏟아냈다.

사람은 움직이지 않으면 몸이 굳어 병이 더 생기기 쉽다고 했다. 파킨슨병과 다른 병의 가족력이 있는 남편에게 늘 입버릇처럼 몸 관리를 강조했다. 친구도 만나고 산에도 다녀오라는 말에 숨이 차서 힘들다고 했다. 그렇다면 처음부터 무리하지 말고, 갈 수 있는 만큼만 갔다가 점차 늘려보라고 권했다. 그제야 남편은 내 말에 귀를 기울였다. 그러던 어느 날, 남편은 평소 등산을 즐기는 친구와 함께 산에 가기로 약속했다. 결혼 10년 차가 되어갈 무렵이었다. 남편은 휴일에 가끔 친구와 등산을 함께하기로 한 듯했다. 산에 처음 다녀온 날, 멀리 가지는 않았어도 다리가 약간 아프고 숨이 조금 찼지만, 몸이 풀리는 듯 기분이 매우 좋다고 했다. 주말마다 산에 계속 다녀야겠다고 했다. 그때부터 주말에 뒹굴거리는 모습을 보지 않아도 되니 내 기분 또한 한결 좋아졌다. 주말마다 산에 다니니 천식도 많이 호전되었다. 그렇게 몇 년을 산에 다니다가 어느 날 다리가 아프다며 산에 못 가겠다고 했다. 그러면 또 집에서 빈둥거리며 누워만 지내지 않을까 내심 불안했다. 하지만 산에 다니며 게으름을 덜게 되었는지 친구들과 만나는 날이 잦아졌다. 그 후로는 가끔 부부 동반 모임도 가지게 되었다. 주말에는 가끔 놀러도 가자고 하는 것이었다. 계속 움직이며 활동하니 게으름에서 점차 벗어나는 듯했다.

남편은 작은 가구 공장을 운영하는데, 다른 곳보다 조금 늦게 시작했지만 몇 년 전부터 주 5일 근무를 시행하고 있다. 나는 버스 운전을 하기에 주말을 함께 보내는 날이 조금은 줄어들었다. 남편은 주 5일 근무로 주말 이틀을 쉬면서도 마땅히 할 일이 없다고 했다. 심심해하는 남편을 보니 또다시 게으름 병이 도지나 싶었다. 다시 산에라도 다니라고 권했더니, 산에는 다리가 아파 못 간다며 집 근처 수목원 둘레길이나 다녀야겠다고 했다. 주말 이틀 중 하루는 둘레길을 돌고, 남은 하루는 무엇을 할지 고심하고 있었다. 그러던 어느 날, 동창회 모임에 다녀오더니 가까이 사는 친구가 20년째 토종벌을 키우고 있다면서, 자신도 배워서 벌을 키워봐야겠다고 했다. 듣던 중 정말 반가운 소식이었다. 남편의 게으름 병을 완전히 고칠 수 있지 않을까 은근히 기대하고 있었다. 그때부터 남편은 토종벌 키우는 일에 관심을 두기 시작했다. 매일 벌을 키우는 친구와 소통하느라 여념이 없었고, 토종벌 키우는 방법을 배우려고 친구가 벌통을 둔 산에도 자주 따라다니곤 했다. 밤낮으로 벌 키우는 방법에 대해 알아보고자 유튜브 영상을 찾아보는 데 몰두했다. 토종벌에 관심을 갖게 되니, 뜻밖에 주변에 벌을 키우는 친구들이 꽤 있다는 것을 알게 되었다. 그렇게 많은 친구들과 소통하며 분주한 나날을 보냈다. 남편이 가구 제조업에 종사한다는 걸 알고, 벌을 키우는 친구들이 저마다 벌통 제작을 부탁해 왔다. 우리 벌통은 물론 주문받은 벌통까지 제작하려니 정신이 없을 지경이었다. 쉬는 날조차 배달에 매달려 더욱 바쁜 나날을 보냈다. 틈틈이 토종벌을 돌봐야 했기에 몸은 쉴 새 없이 움직였다. 해야 할 일 때문에 잠시 누웠다가도 벌떡 일어나곤 했다. 주말에도 쉴 틈 없는 바쁜 일상 덕분에 게으름은 어느 정도 극복되어 갔다.

그러던 해 겨울, 벌 키우는 일에 비교적 손이 덜 가는 시기에 남편에게 또 다른 일이 생긴 것이다. 몇 년 전부터 방글라데시 출신 직원이 공장에서 일하며 공장 뒤편에 텃밭을 가꾸고 토종닭을 기르기 시작한 것이다. 닭 키우는 데 전혀 관심 없던 남편도 그해 겨울부터 토종닭을 기르겠다고 나섰다. 매일 먹이를 챙겨야 하므로 주말마다 꼬박꼬박 닭장을 찾아야 했다. 달걀을 많이 낳을 때는 가져오는 것조차 일이 된 듯했다. 겨울은 물론이고, 몇 년 전부터는 400여 평 텃밭을 가꾸고 토종벌과 닭을 기르느라 쉴 새 없이 바빠 게으름을 피울 틈조차 없었다. 그렇게 게으른 사람이 변하리라고는 상상조차 할 수 없었다.

둘째가라면 서러울 정도로 게을렀던 남편은 토종벌과 닭 기르는 재미에 빠져 쉬는 날에도 아침 일찍 눈을 뜬다. 뜨거운 여름날에는 낮에 일을 할 수 없으니 새벽부터 텃밭으로 향한다. 주말은 물론 평일 출근 날에도, 텃밭 일이 있다면 새벽같이 밭에 나가 일을 하다 출근할 정도이다. 텃밭에 나가 있으면 시간 가는 줄 모를 정도로 마음이 편안하고 좋다고 한다. 텃밭을 가꾸기 시작한 지 어느덧 5년이 되었다. 처음에는 농사지은 채소를 나눠 주는 것조차 귀찮아하던 남편이었다. 그러던 어느 날부터는 오히려 나눔에 열성적인 모습을 보인다. 400여 평 텃밭에서 수확하는 채소 중 우리 가족이 소비하는 양은 1/10에도 미치지 못한다. 수확한 채소 대부분을 나누는 데 여념이 없다. 처음 텃밭 농사를 시작했을 때, 수확한 채소를 남편의 지인들에게 나눠 주라 했더니 귀찮다며 싫다고 했다. 주고 싶으면 나 보고 직접 갖다주라 하기에 가까운 내 지인들에게 모두 나누어 주었다. 그러자 남편도 따라서 자기 지인들에게 나누어 주기 시작하더니, 나눔의 기쁨을 알았는지 요즘은 나보다 더 적극적이다. 나눔도 좋지만 바쁜 일상에 힘드니, 우리 먹을 만큼만 조금 심자고 했더니 할 일이 없으면 심심하다고, 나눔을 핑계로 텃밭 가득 심기를 원한다. 텃밭 농사만으로도 벅찬데, 채소 나눔에 닭과 벌까지 키우느라 쉴 틈 없이 바쁜 나날을 보내고 있다. 그렇게 몇 년간 직접 농사지은 채소와 닭이 낳은 계란, 토종꿀을 꾸준히 섭취한 덕분일까! 남편은 예전보다 훨씬 건강한 생활을 하고 있다.

　나와 나이 차가 있는 남편이라, 남편 친구들 중에는 병으로 세상을 떠난 이들도 적지 않다. 허리 수술을 받았거나, 고혈압, 당뇨, 고지혈증으로 약을 달고 사는 친구들이 많다는데, 남편은 아직 그럴 정도는 아니다. 고혈압, 당뇨도 없을뿐더러 고지혈증, 콜레스테롤 수치도 정상이다. 매년 하는 건강검진 결과 정상에 가깝다.

　만약 남편이 게으름을 떨쳐내지 못했다면, 가족력이 있는 남편은 지금쯤 다른 고생을 하고 있을지도 모른다. 누구에게나 가족력이 있겠지만, 남편의 가족사를 굳이 말하자면, 4남 2녀 중 셋째 아들인 남편은 일찍 어머니를 여의었고, 두 누님은 40대부터 파킨슨병으로 오랫동안 투병 생활을 했다. 그렇게 오랜 기간 고생하시다가 몇 년 전 두 분 모두 세상을 떠나셨다. 둘째 형님은 정신 질환으로 내가 결혼하기 전에 이미 돌아가셨다. 큰형은 일찍부터 당뇨와 고혈압으로 꾸준히 약을 복용하고 있다. 남동생 또한 고혈압 약을 먹고 있다. 그래서 남편에게 건강하게 살려면 가족력을 절대 무시해선 안 된다고 늘 강조해 왔다.

　나이가 들면 아픈 건 당연하다. 오래 사용한 장기와 관절이 온전할 리 있겠는가! 아픔을 늦추고 건강하게 오래 사는 기간이 길수록 삶의 질은 높아진다. 그래야 삶 속에서 오래도록 행복을 이어갈 수 있는 것이다. 건강해야 행복하게 살 수 있다는 것은 부정할 수가 없다.

버스 운전을 한 지 10년이 되었다. 몇 년 전부터 내가 밤늦게 퇴근하는 날이면 집에 밥이 없을 때 남편이 직접 밥을 해 먹곤 한다. 설거지는 물론 청소기도 가끔 돌릴 만큼 남편은 부지런해졌다. 내가 처음 버스 운전을 시작했을 땐 상상도 못 할 일이었다. 내 직업이 버스 운전기사인 것이 천만다행이라고 생각할 때가 많다. 그 덕분에 남편에게 밥을 할 기회를 줄 수 있었다. 만약 내가 버스 운전기사가 아니었다면, 밥때마다 밥상을 차려 바치는 인생을 살았을지도 모른다. 하고 싶은 것이 전혀 없었던 남편은 어느 날 갑자기 취미가 생기면서부터 삶에 생기와 활력을 찾았다. 그 덕분에 게으름에서 벗어날 수가 있었다. 그 결과 건강도 어느 정도 유지되는 듯하다. 결국 부지런한 삶이 건강 유지의 비결이라 해도 과언이 아니다. 남편은 요즘 친구들에게 부러움을 한 몸에 받고 있음을 종종 느낀다.

원래부터 게으른 사람은 없었을지 모른다. 어쩌면 그 게으름은 주변에서 만들어 준 것일 수도 있다. 누구든 주변에서 모든 것을 알아서 해주면 스스로 해볼 기회가 사라지기 마련이다. 그러면 자신의 일이라고 생각조차 못 하고 늘 남의 일로만 여기게 된다. 결국 남에게 의존하며 게으른 삶을 살게 될 가능성이 매우 높다.

꿈을 가져라

꿈이 있는 사람과 없는 사람의 차이는 삶의 태도뿐 아니라 부지런함과 게으름이라는 극명한 삶의 방식으로 드러난다.

꿈을 가진 사람은 여러 면에서 긍정적인 생각과 행동을 보인다. 꿈을 이루기 위해 구체적인 목표를 설정하고 끊임없이 노력한다. 시간을 효율적으로 활용하고 노력을 아끼지 않으며 꾸준히 정진하는 열정적인 모습이 드러난다. 새로운 지식을 습득하고 성장하려는 자세를 견지하며, 어떠한 어려움 속에서도 꿈을 향한 굳건한 의지를 보인다. 꿈과 목표 달성을 방해하는 요소를 스스로 통제하는 능력을 발휘하기도 한다. 어려움에 직면해도 '나는 할 수 있다'는 긍정적인 마음으로 실패를 두려워하지 않는다. 꿈을 품은 사람은 주변 사람들과 적극적으로 소통하며 꿈을 공유하고, 협력적인 관계를 통해 서로 도움을 주고받는다. 건강이 뒷받침되지 않으면 꿈을 실현할 수 없기에, 육체적, 정신적 건강 관리에 힘쓰며 최상의 컨디션을 유지하려 노력한다. 이처럼 꿈을 가진 사람은 활기 넘치고 생동감 있으며, 빛나는 눈빛으로 목표를 향해 나아간다. 그러므로 꿈과 목표를 가진 사람은 필연적으로 부지런한 삶을 살아갈 수밖에 없다. 그렇다면 꿈이 없는 사람은 어떠한가! 그와는 정반대의 삶을 살게 된다.

꿈을 꾸고 목표를 세운다면, 그것은 사람마다 각기 다른 시각으로 설정될 수 있다. 그 꿈과 목표는 하루하루의 목표가 될 수도, 단기적인 꿈이 될 수도, 혹은 먼 미래의 꿈이 될 수도 있다. 사람마다 생각과 처한 상황이 다르기에, 각기 다른 방식으로 꿈과 목표를 설정한다.

직장 생활 몇 년 차인 25세 우리 딸의 이야기를 해보려 한다. 딸아이는 학창 시절 공부에는 흥미를 느끼지 못하고 학교를 다녔다. 초등학생 때는 학교 가는 것을 몹시 싫어해서, 아침마다 학교에 가라고 깨우는 일이 엄마인 내게는 큰 스트레스였다. 어떤 날은 열 번이나 깨운 적도 있었다. 또, 어느 날은 학교에 간다며 집을 나섰지만 학교에 오지 않았다는 담임 선생님의 전화를 받은 적도 있다. 알고 보니 학교 가기 싫어하는 몇몇 친구들이 한 집에 모여 수다를 떨고 있었던 것이다. 몇 차례 그런 일이 있은 후, 교장 선생님과 상담까지 받았다. 성적이 좋지 않아 여러 학원에 보내봤지만, 어떤 과목이든 한 달을 채우지 못하고 그만두는 것이었다. 미술학원이나 피아노학원도 마찬가지였다. 그나마 꾸준히 다닌 곳은 태권도 학원이었다. 공부도 싫고 학원도 싫다는 아이를 억지로 보낼 필요는 없다고 생각했다. 생활 형편도 넉넉지 않은 데다, 싫다는 것을 억지로 시킬 필요가 없다고 여겼기 때문이다.

그런데 초등학교 2학년 때부터 아빠 엄마가 일하러 간 사이에 김치와 야채들을 썰어 친구들과 볶음밥을 자주 해 먹곤 했다. 딸이 내 앞에서 칼질하는 모습을 한 번도 본 적이 없었다. 다칠까 봐 내심 걱정은 되었지만, 손 다치지 않게 조심해서 해 먹으라고 했다. 공부에는 흥미가 없었지만, 그때부터 요리에는 관심을 보이는 듯했다. 그래서 초등학교 5학년이 되던 해, 요리학원에 다녀보는 게 어떻겠냐고 물었다. 그러자 아이는 흔쾌히 요리학원에 다니겠다고 했다. 단순히 요리 배우는 것이 좋다고 했다. 요리가 좋아 일 년 정도 학원을 꼬박 다니더니, 하고 싶은 것을 해서인지 자존감도 높아지는 듯했다. 6학년이 되자 요리학원 선생님은 학원비를 들인 김에 한식 자격증을 따보는 게 어떻겠냐고 제안했던 모양이다. 처음에는 필기 공부가 싫다며 자격증 취득을 망설였다. 나는 사회생활에서 자격증 유무의 차이는 크다고 일러주었다. 몇 번 설득한 끝에 아이는 힘들어도 공부해 보겠다고 답했다. 학교 공부는 뒷전이었지만, 한식 자격증 필기시험에 접수한 후로는 열심히 공부했다. 결국 간신히 한 번에 필기시험에 합격했다. 실기 시험은 한 번 낙방 후 두 번째 도전에서 합격했다. 한식 조리 자격증을 받은 날은 흐뭇해하며 학교생활에 자신감을 얻는 듯했다. 그 후로도 공부는 여전히 뒷전이었지만, 학교생활에 조금씩 흥미를 느끼기 시작한 것 같았다. 6학년 때 딸아이는 조리과가 있는 특성화 고등학교인 서울 망우리에 있는 송곡관광고등학교에 진학하겠다고 했다. 그 학교에 가려면 조리 자격증을 미리 따두는 게 좋겠다고 나는 말해주었다. 중학교 입학 후로는 초등학교 때와 달리 학교 가라고 깨우는 일은 단 한 번도 없었다. 딸보고 알아서 잘해줘서 너무 고맙다고 했다. 그러자 딸아이는 초등학교 시절 사춘기가 너무 일찍 찾아왔었다고 털어놓았다. 앞으로는 알아서 잘할 테니 걱정하지 않아도 된다고 했다. 내 마음이 너무 뿌듯했다. 중학교에 입학하면서부터는 학교생활에 더욱 흥미를 느끼는 듯했다. 꾸준히 요리학원을 다니며 한식은 물론, 중학교 시절에 중식과 양식 조리 자격증까지 취득했다.

그 덕분인지 딸아이의 자존감이 몰라보게 높아졌음을 느낄 수 있었다. 삶에 대한 자신감 또한 넘쳐 보이는 듯했다. 한층 밝고 생기 있는 딸아이의 모습을 보니 엄마로서 마음이 한결 놓였다. 중학교 시절 공부에는 소홀했지만, 학교생활에는 적극적으로 참여하며 졸업했다. 마침내 바라던 특성화 학교인 송곡관광고등학교 조리과에 입학을 하게 되었다. 성적이 부족했을 텐데도 한식, 양식, 중식 조리 자격증을 내세워 면접에 임한 결과, 입학 의지를 높이 평가받아 합격한 듯했다.

집에서 그 학교까지 가려면 새벽 5시에 일어나 서둘러 준비하고 버스를 타야 했다. 그럼에도 학교는 꼬박꼬박 잘 다녔다. 힘든 학교 생활에도 불구하고, 어느 날 학교 끝나고 아르바이트를 하겠다고 했다. 용돈은 남부럽지 않게 준다고 생각했는데, 부족했던 걸까! 학교가 끝나면 늦게까지 영업하는 감자탕집에서 대여섯 시간씩 아르바이트를 하는 것이었다. 아르바이트는 밤 12시에 끝났다. 일을 마치고 집에 돌아와 씻고 잠시 눈을 붙인 뒤, 새벽 5시에 다시 일어나 학교로 향했다. 그러다 쓰러질까 걱정되어 얘기하니, 버스 안에서 부족한 잠을 보충하고, 가끔 수업 시간에도 졸면서 버티니 괜찮다고, 걱정하지 않아도 된다고 했다. 몇 달 알바를 하다 결국 그 식당이 문을 닫으면서 아르바이트를 더 이상 할 수 없게 되었다. 그렇게 생활하며 고등학교도 스스로 잘 다녔다. 고등학교에 다니며 일식 조리 자격증까지 취득했다. 3학년 2학기가 시작된 지 얼마 지나지 않아 조기 취업을 하겠다고 했다. 그 고등학교는 조기 취업하는 학생이 많다고 했다. 나는 딸의 결정을 존중하기로 했다. 첫 근무지는 집에서 꽤나 떨어진 청담동의 한 호텔이었다. 집이 멀어 방을 얻어 일찍부터 혼자 지내게 되었다. 걱정은 되었지만, 일찍 자립심을 기를 수 있을 것 같아 그리 나쁘지만은 않다고 생각했다.

나는 가끔 딸에게 꿈이 무엇인지, 하고 싶은 일이 무엇인지 물을 때가 있다. 사람은 늘 꿈과 목표를 품고 살아야 한다고 말한다. 딸은 직장 생활을 하며 생긴 꿈인데, 세계 여행을 다니며 사는 것이 꿈이라고 했다. 그래서 가끔 해외여행을 하며 지낸다. 정해진 월급으로 적금, 월세, 생활비는 물론 친구들과의 만남까지 고려해야 하니 늘 경제적 어려움을 느낀다고 했다. 여러 나라를 여행한 경험을 바탕으로 최근에는 유럽 여행을 계획하고 있는 듯했다. 몇 달 후 유럽 여행 경비를 마련하고자 시간과 요일을 조율하며 요즘 본업을 하면서도 두 곳에서 아르바이트를 한다고 했다. 힘들지 않냐는 물음에 여행을 위해선 어려움을 감수해야 한다고 답했다. 안쓰러운 마음도 들었지만, 인생은 스스로 개척해야 한다며 아프면 아무것도 할 수 없으니 건강관리에 유념하라고 당부했다.

돌이켜 보면 인생에서 공부가 전부는 아니라는 말이 맞는 것 같다. 과거에는 공부가 전부라고 여겼던 때도 있었다. 나 또한 학창 시절에는 공부를 잘해야 사회에 나가 잘 적응하고 성공할 수 있다고 믿으며 학창 시절을 보냈다. 가난 때문에 충분히 배우지 못한 나는 인생에서 뒤처지는 것은 아닐까 불안해하며 살았다. 중학교를 졸업하자마자 일찍이 사회생활을 시작했다. 배움에 힘쓸 나이에 공순이라는 말을 들으며 직장 생활을 했다. 그것이 너무나 창피해서 쥐구멍에라도 숨고 싶을 때가 한두 번이 아니었다.

나는 대학교까지 진학한 친구들보다 7년이나 먼저 사회생활을 시작해야 했다. 하지만 그들이 사회에 발을 디딜 때쯤 나는 이미 사회에서 한참 앞서나가리라는 긍정적인 생각으로 스스로를 위로하곤 했다.

공부깨나 한다던 친구들도 고등학교와 대학교를 졸업하고 사회생활을 시작했다. 그때까지는 사회생활을 먼저 시작해서인지, 공감대가 부족해서인지 학교 동창들을 만날 기회가 거의 없었다. 학교 친구들도 사회생활과 결혼을 하며 나이가 들어감에 따라 한두 명씩 연락이 닿아 여러 친구들을 다시 만나게 되었다. 오랜만에 만난 고향 친구는 사회에서 만난 친구와는 사뭇 다른 느낌으로 다가왔다. 학창 시절 공부깨나 했던 친구들 중 성공한 인생을 사는 이도 있지만, 그렇지 못한 경우가 더 많았다. 그래서 공부가 인생의 전부가 아님을 깨달았다. 하지만 배움의 정도와 상관없이 미래에 대한 꿈과 목표를 얼마나 품고 살아가는지에 따라 삶은 달라질 수 있다고 생각했다.

그렇다면 꿈이 없는 사람은 어떤 모습으로 살아갈까?

꿈과 목표, 희망이 없는 사람은 일상에서 무기력함을 느끼거나, 게으름을 피우며 살아갈 가능성이 크다. 꿈이 없기에 뚜렷한 목표 없이 일상에 안주하며, 새로운 경험이나 도전을 두려워하고 회피하게 된다. 변화나 새로운 기회에 대해 소극적이거나 회의적인 태도를 보이기도 한다. 미래에 대한 불확실성으로 인해 중요한 결정을 내리기 어려워한다. 삶에 대한 만족감이 낮아지고, 때로는 우울감이나 불안감을 느낄 수 있다. 심할 경우 우울증을 겪을 수도 있다. 자신의 목표가 없으면 몸의 움직임이 줄고, 주변 환경에 의존하는 게으른 태도를 보이기 쉽다.

노숙인에 대한 이야기를 해보려 한다. 어떤 이유로 노숙인이 되었든, 그들의 삶은 하루하루가 힘겨울 것이다. 그런데 그들은 왜 힘든 삶을 선택했을까! 꿈과 희망이 없어 목표를 설정하지 못했기 때문이다. 어쩌면 삶을 거의 포기했을지도 모른다. 만약 그들에게 새로운 꿈이 생긴다면, 더러운 누더기를 벗고 깨끗한 몸을 유지하려 할 것이다. 무기력에서 벗어나 새로운 목표를 세우고, 어려운 상황 속에서도 희망을 품고 미래를 바라보게 될 것이다. 자신의 꿈을 이루려 자원과 지원을 적극적으로 찾고, 도움을 요청할 것이다. 타인과의 관계를 소중히 여기고, 필요한 기술을 배우려 노력할 것이다. 더 나은 삶을 위해 일상적인 습관과 행동을 바꾸려는 의지를 보일 것이다. 그렇게 새로운 꿈과 목표를 가진다면 부지런한 삶을 되찾을 것이다.

꿈과 미래에 대한 희망을 품고 생각을 바꾸고 행동하면, 누구든 다양하고 긍정적인 변화를 이끌어 낼 수 있다. 긍정적인 생각은 자신감을 불러일으키고, 새로운 도전에 더욱 효과적으로 대처할 수 있게 한다. 열린 마음으로 상황을 바라볼 때, 창의적인 해결책을 발견할 가능성이 커진다. 긍정적인 태도는 주변 사람들과의 관계를 원만하게 하고, 더 많은 지지를 얻도록 돕는다. 긍정적인 생각과 행동은 삶의 만족도를 증진시키고, 행복감을 선사한다. 행동의 변화는 목표 달성을 향한 발걸음을 가속화하며, 원하는 결과를 얻을 가능성을 높인다. 부정적인 생각을 줄이는 것은 스트레스 완화와 정신적인 안정감 회복에 기여한다. 생각과 행동의 변화는 개인의 삶에 지대한 영향을 미칠 수 있다.

이처럼 꿈을 향해 생각과 행동을 변화시키면, 부지런한 삶을 통해 삶의 질을 향상시킬 수 있다.

꿈과 목표를 품고 살아간다고 해서, 모든 꿈을 실현하며 사는 것은 아니다. 그러나 꿈을 가진 사람은 역경 속에서도 인내하며 꿈을 이루려 한다. 모든 꿈은 하루아침에 이루어지는 것이 아니다. 꿈을 이루겠다는 강한 의지는 그들을 지탱하고, 꿈을 실현했을 때를 상상하며 삶의 희망을 얻게 한다.

당장의 쾌락을 즐기는 것도 좋지만, 꿈을 위해 잠시 내려놓는다면 인생을 바꿀 기회가 충분하다. 얻고자 하는 것이 있다면 포기해야 할 것도 있는 법이며, 그에 상응하는 대가를 치르는 것은 당연하다. 그러나 꿈과 목표를 가지고 노력하고, 과감히 포기할 것을 포기하며 충분한 대가를 치른다고 해서 모든 이의 꿈이 이루어지는 것은 아니다. 그럼에도 꿈을 이루기 위해 최선을 다하는 과정은 삶의 활력이 되며, 자신의 성장하는 모습을 발견하게 한다. 또한 스스로 할 수 있다는 강한 의지를 확인하고, 게으르지 않은 삶을 살았음을 깨닫게 된다. 그리고 또 다른 도전에 대한 두려움 또한 슬어든다. 살면서 힘든 일을 많이 겪은 사람일수록 어떠한 힘겨운 상황에서도 능히 잘 버텨낸다. 어릴 적 힘겨운 고난의 경험은 더 그러하다.

하루 24시간, 누구에게나 똑같이 주어진 삶 속에서 꿈과 목표를 가진 사람은 그날의 행복지수가 달라진다.

대다수 운동선수들의 꿈은 올림픽 대회에서 금메달을 획득하는 것이다. 꿈은 하루아침에 이루어지는 것도 아니며, 누구에게나 실현되는 것 또한 아니다. 수년간 부지런히 노력하고 땀을 흘려야 비로소 메달 획득의 기회가 주어질 수 있다. 꿈과 목표가 없다면 감히 도전하기 힘든 일이라 할 수 있다.

결국, 게으른 사람이든 부지런한 사람이든 모두를 움직이게 하는 힘은 꿈을 품고 살아가는 데서 나온다. 그 꿈은 목표, 소망, 혹은 소원이 될 수도 있다. 꿈은 실현 가능한 범위 내에서 설정해야 한다. 반드시 거창하고 거대한 꿈과 목표를 가질 필요는 없다. 실현 불가능한 꿈은 허황될 가능성이 크며, 노력으로 성취하는 꿈이라기보다 일확천금이나 로또 1등 당첨과 같은 요행을 바라는 꿈일 것이다. 적은 월급으로 막연히 100억 원짜리 건물을 소유하겠다는 꿈, 여기서 말하는 꿈은 그런 유의 꿈이 아니다. 예를 들어, 건강이 좋지 않다면 더욱 건강한 삶을 위해 꾸준히 노력하는 삶을 의미한다. 내 집 마련의 꿈을 이루기 위해 열심히 일하고 절약하는 삶, 미래에 하고 싶은 일을 하며 살고자 노력하는 삶, 노후에 전원주택을 짓고 텃밭을 가꾸며 여유로운 삶을 누리고 싶다는 진심이 담긴 꿈이어야 한다. 꿈과 목표가 명확히 설정되었다면, 희망찬 내일을 기대하며 살아갈 수 있다.

미래의 꿈을 위해 현재의 즐거움을 포기하며 노력하는 과정은 힘들 수 있지만, 꿈을 이루었을 때의 기쁨을 상상하면 저절로 힘이 솟아날 것이다. 꿈의 정상에 도달했을 때는 가슴 벅찬 감동을 느끼게 된다. 심장이 터질 듯한 희열을 맛보기도 한다.

현재 꿈을 꾸고 목표를 갖는 것이 최우선이라면, 이전에는 그토록 좋아했던 것들이 싫어지거나 관심이 줄어들 수 있다. 모든 것을 최우선으로 여길 수는 없기 때문이다. 꿈을 품고 살아가는 것은 살아 있다는 증거다. 꿈이 있어야 게으름을 피울 틈 없이 움직일 수 있는 힘이 솟아난다. 결론적으로, 부지런한 삶을 살아가려면 꿈과 목표를 품고 당당하게 노력해야 한다. 꿈을 품고 있다고는 하지만, 단순한 말뿐인 꿈은 이루어질 수 없을뿐더러 게으름에서 벗어날 수 없다.

직장인이라면 누구나 한 번쯤은 다니고 있는 직장을 그만두고 싶다고 생각할 때가 있을 것이다. 하는 일이 적성에 맞는다 해도 직장 생활은 혼자 하는 것이 아니므로, 그 점이 직장 생활의 걸림돌이 될 수 있다. 공동체 생활이기에 특히 인간관계에서 오는 스트레스 때문에 사직하고 싶은 마음이 들 수 있다. 인간은 누구나 이기적인 면모를 지닌다. 그것은 본능에 가깝기에 당연한 현상이다. 대개 직장 내 갈등은 이기심에서 비롯되는 경우가 많다.

직장을 그만두고 싶을 만큼 삶이 무미건조하게 느껴질 때도 있다. 심한 경우 우울감을 느끼기도 한다. 만약 다니는 직장을 그만두고 싶다면, 더 나은 곳으로 이직하는 것이 방법이다. 여의치 않다면, 이 일을 대체할 다른 일을 찾아야 할 것이다! 뚜렷한 대안이 없다고 생각하면 그나마 위안이 될 수 있다. 견디는 데 도움이 되는 방법이 있다면, 꿈을 품고 살아가는 것이다. 그러면 직장 내 마음에 들지 않는 사람이나 하기 싫은 일이 있어도 참고 견딜 힘이 생긴다. 심지어 누가 욕을 하거나 왕따를 시킨다 해도 버텨내기가 수월해진다. 다른 사람이 어떻게 하든, 꿈이 있다면 그들의 행동에 크게 개의치 않게 된다. 꿈과 목표를 가지고 사는 것은 긍정적인 효과를 가져다주어 인내력을 발휘하게 한다. 꿈은 모든 사람에게 희망을 선사한다. 만일 꿈과 목표가 없다면 그것을 재설정해서 살다 보면 힘겨운 직장 생활을 버티는 건 일도 아니다. 그래서 꿈과 목표를 가지고 산다는 것은 누가 뭐라 한들 흔들리지 않고 내 삶을 긍정적으로 발전시킬 수 있고 내 주도적인 삶을 살아갈 수 있게 만든다.

취미를 가져라

　주위에서 아무리 말려도 자기가 좋아서 하는 일은 그 누구도 말릴 수가 없다. 돈을 준대도 못 하는 일을 좋아서 하게 되면 아무리 힘들고 욕을 먹어도 한다. 심지어는 자기 돈을 엄청 써가면서도 한다. 너무나 좋아하고 하고 싶은 일이기에 힘들어도 잘 참고 견딜 수가 있다. 좋아하는 일을 할 때면 얼굴엔 미소가 절로 지어지게 된다. 또한 화색이 돌고 생기와 활력이 넘치게 되며 몸의 움직임이 빨라지면서 부지런해진다. 그것이 일이든 취미든 특기든 상관없이 하고 싶어 하는 일이라면 몸에서는 다 그렇게 반응을 한다. 누가 시키지 않아도 몸은 알아서 자연스럽게 움직이게 된다. 하고 싶은 일과 해야 할 일이 많아지면 몸놀림은 더욱 빨라진다. 그렇게 에너지가 넘쳐 보이는 인상을 주기도 한다.

좋아하는 일을 하며 살아간다면 긍정적인 변화가 일어날 수 있다. 좋아하는 일을 하면 일상이 즐거워지고 자연스레 행복감을 느끼며 살아가게 된다. 취미나 특기는 스트레스 해소와 심리적 안정에 도움이 된다. 좋아하는 활동에 몰두하면 창의성이 자극되어 새로운 아이디어가 떠오르기도 한다. 취미 활동을 통해 관심사가 비슷한 사람들과 교류하며 새로운 인연을 맺을 수도 있다. 좋아하는 일을 하는 과정에서 자신을 더 깊이 이해하고 능력을 키울 기회 또한 얻게 된다. 취미와 특기를 통해 목표를 설정하고 달성하기 위해 노력하는 과정에서 성취감을 맛볼 수도 있다.

좋아하는 일과 관련된 꿈과 목표를 갖는다면 꿈을 실현하는 데 크게 기여한다. 그 일에 대한 열정은 자연스럽게 꿈을 향한 동기 부여로 이어진다. 좋아하는 일을 하다 보면 힘든 순간에도 포기하지 않고 끊임없이 노력하게 된다. 그 과정에서 자신이 진정으로 원하는 것을 더 명확히 알게 되고 꿈을 구체화할 수 있다. 같은 분야 사람들과 교류하면 꿈을 이루는 데 도움이 될 만한 기회를 얻을 수도 있다. 좋아하는 일을 통해 작은 목표를 달성하는 경험이 쌓이면, 그 성취감으로 꿈을 향한 자신감은 더욱 커진다. 좋아하는 일을 하며 꿈을 이루어 가는 과정은 즐겁고 의미 있는 경험이 된다. 그 과정에서 꿈을 이루기도 하고, 또 다른 꿈을 꾸며 살아가는 삶을 누리게 된다. 좋아하는 일을 하는 것은 삶의 질을 향상시키는 지름길이다. 행복한 사람은 좋아하는 일과 취미를 통해 경제 활동과 연결된 삶을 살아가는 사람이 아닐까.

내 지인 중에는 낚시가 취미인 사람이 있다. 날이 춥든 덥든 상관없이 낚시를 즐긴다. 기회만 생기면 낚시를 떠날 생각에 온통 머릿속이 낚시로 가득하다. 하지만 그의 부인은 남편의 취미를 탐탁하게 여기지 않는다. 아무리 말리고 타박해도 낚시를 포기하지 못한다는 것이다. 결국 부인이 포기했다고 한다. 낚시를 좋아하는 남편은 평소 잠이 많지만, 두 시간 자고도 낚시를 하러 갈 때는 벌떡 일어난다고 한다. 낚시를 가려면 집 안 청소와 쓰레기 정리를 모두 하고 가라고 하면, 잔소리를 듣지 않으려고 쓰레기 분리수거까지 마친 후 낚시를 간다고 한다. 부인은 남편이 낚시라는 취미를 가진 덕분에 엄청나게 부지런해졌다고 말한다. 좋아서 하는 일이니 누가 말리겠냐고도 했다. 도박이나 여자, 술과 관련된 취미가 아니라서 다행이라고 여긴다고 했다. 어느 날, 낚시를 좋아하는 그에게 내가 물었다. "낚시가 그렇게나 좋아요?"라고 물었더니 일주일에 한 번은 어디든 낚시를 다녀와야지만 일주일의 시작을 편하고 기분 좋게 시작할 수 있다고 했다.

특별한 취미도, 하고 싶은 일도 없었던 우리 남편 이야기를 빼놓을 수가 없다. 그 누구도 말릴 수 없었던 남편의 고질적인 게으름은 토종벌과 닭을 기르고 텃밭을 가꾸는 취미 덕분에 완전히 달라졌다. 그 덕분에 남편은 과거보다 건강해지는 듯했고, 나이를 먹을수록 건강을 잘 유지하고 있는 것 같다.

　어느 날, 남편 친구도 벌을 키워보겠다며 벌을 키워본 경험이 많지 않은 남편에게 배우기 위해 자주 연락하고 소통했다. 아직 시작은 안 했지만, 남편 친구는 벌 키우는 법을 하나씩 배워가면서 새로운 꿈을 꾸는 듯 보였다. 유튜브를 통해서도 열심히 배우고 있었다. 나 또한 남편 친구를 몇 번 만난 적이 있었다. 벌을 키우겠다는 남편 친구를 만났을 때, 토종벌을 키우는 것에 대한 그의 이야기를 들으며 나는 많은 것을 느낄 수 있었다. 꿈을 꾸는 그의 눈에서는 빛이 났고, 얼굴에는 화색이 돌았다. 그는 말이 빨라지고 에너지가 넘치는 듯 흥분된 모습이었다. 그때가 겨울이었는데, 그는 이듬해 봄이 되면 당장 산에 벌통을 갖다 놓겠다는 의지를 불태웠다. 그는 계획과 목표를 확실하게 세우고 있었다. 나는 그에게서 가슴 벅차오름을 느낄 수가 있었다. 꿈을 꾸는 사람만이 느낄 수 있는 감정이라 여겼다. 2년이 지난 지금, 남편 친구는 남편보다 토종벌을 훨씬 능숙하게 키우고 있다. 그것은 단순한 취미 활동이 아니었다. 여러 산에 벌통을 짊어지고 옮기는 일은 물론, 관리 또한 결코 만만치 않다. 그는 누구보다 뜨거운 열정을 쏟아붓고 있었다. 그러나 그의 본업은 따로 있다. 가구 공장에서 가구를 떼다 파는 가구 판매원이다. 그러면서 일이 없는 날에는 벌 키우는 데 정성을 쏟을

뿐 아니라 봄이면 산나물들 채취하고, 가을엔 자연산 버섯을 채취하며 엄청난 부지런을 떤다. 토종벌을 키우기 시작하면서 유튜브까지 시작했다고 했다. 한 가지의 취미를 갖게 되면서 또 다른 취미로 눈코 뜰 새 없이 바쁜 삶을 살아가고 있다.

    토종벌을 키우는 일은 양봉과 달리 매우 부지런해야 하며 결코 쉬운 일이 아니다. 많은 토종벌을 얻으려면 여러 산에 벌통을 많이 둘수록 유리하다. 벌통을 놓는 것으로 모든 일이 끝나는 것이 아니다. 벌통 청소도 자주 해야 할 뿐 아니라, 벌이 들었는지 확인하기 위해 수시로 산에 올라야 한다. 벌이 들었다면 벌들이 잘 지내는지, 벌통이 망가지지는 않았는지, 도난당하지는 않았는지 수시로 확인해야 한다. 벌통에 들어온 토종벌을 세심히 관리하는 것이 무엇보다 중요하다. 관리가 용이하도록 집 근처에 벌통을 옮겨놓는 것이 좋다. 가까운 곳에 벌통을 둘 자리가 있다면, 한밤중에 벌통을 짊어지고 내려와야 하는 어려움도 감수해야 한다. 남편 친구는 그러한 어려움을 어느 정도 감수하면서 토종벌 키우기를 시작한 것이다. 나는 그가 엄청나게 부지런하게 살게 될 것이라고 생각했다. 토종벌은 그해 날씨의 영향을 크게 받지만, 키우는 사람에 따라서도 결과가 달라진다. 더불어, 몇 년간의 경험과 정성을 얼마나 기울였는지에 따라서도 결과가 달라진다.

토종벌을 키우기 시작한 지 2년 된 남편 친구는, 5년 차인 남편보다 벌통 수도 많고, 분봉을 받은 벌의 수도 훨씬 많다. 그러다 보니 산에 오르는 시간도 늘어나, 매우 바쁜 나날을 보내고 있다고 했다. 남편이 그 친구와 통화할 때, 핸드폰 너머로 들려오는 우렁찬 목소리는 그의 꿈과 목표가 뚜렷함을 느끼게 한다. 그 목소리에는 자신감과 활력이 넘쳐흐른다. 토종벌을 키우기 전 다소 약했던 목소리와는 확연히 달랐다. 부지런해지고 삶의 활력을 되찾은 것은 벌을 키우는 취미 덕분임을 알 수 있었다. 2년 전, 벌을 키워 보겠다는 남편 친구를 만났을 때, 그의 눈빛을 보고 남편에게 나는 이렇게 말했다. "아마 1~2년 후에는 당신보다 친구가 벌을 더 잘 키우게 될 거야." 내 예상이 적중했다. 관심과 집중, 노력을 쏟는 사람은 그 누구도 따라올 수 없다는 것을 나는 이미 알고 있었다. 초등학교 때 공부를 잘했다고 해서 고등학교 때까지 모두가 공부를 잘하는 것은 아니다. 좋은 머리만 믿고 공부하지 않는 사람은, 비록 머리는 조금 부족해도 열심히 노력하는 사람을 따라갈 수 없다는 말이다.

게으르고 의욕 없는 사람은 취미조차 없을 수 있다. 하고 싶은 일 자체가 없을 가능성도 크다. 어쩌면 취미가 없어서 게을러지는 것일 수도 있다. 불가피하게 해야 하는 경제 활동에서도 재미를 느끼지 못할 가능성 또한 높다. 하는 일이 적성에 맞거나, 취미가 있거나, 남들이 인정하는 특기가 있다면 삶의 의욕을 완전히 잃지는 않을 것이다. 대개 삶의 의욕이 없는 사람은 이 3가지 중 어느 하나도 갖지 못했을 가능성이 크다. 누구에게나 잘하는 일 한 가지쯤은 있기 마련이다. 게임 중독에 빠져 헤어나지 못하고 있는 사람에게도 만일 새로운 취미가 생긴다면, 게임 중독에서 벗어날 수 있는 유일한 기회이기도하다. 게임에 빠져 산다고 꼭 게으른 것은 아니다. 게임을 하기 위해서 다른 일들을 빠르게 처리하기 위해 부지런을 떨 수도 있는 것이다. 또한 게임도 취미가 될 수 있으므로 게임에 빠지면 게임을 하는데 부지런을 떨게 마련이다. 다른 취미와 병행한다면 그렇지 않겠지만 게임은 중독성이 강하므로 중독된 상태라면 정상 생활이 힘들어질 수 있다. 또 다른 취미를 찾으려 노력하여 그 한 가지를 발견하고 살아가다 보면, 또 다른 자신감을 얻어 미래를 꿈꿀 기회가 찾아올 수도 있다. 내 삶은 그 누구도 대신 만들어 주거나 살아주지 않는다. 내 삶은 오롯이 내 자신이 만들어가며 살아가야만 한다.

5

꿈을 꾸며 살다 보니

어차피 인생은 혼자다

　어릴 때는 부모님과 함께 살면서 평생을 그분들의 보호 아래 살 줄로만 여겼다. 가난했지만, 부모님이 없으면 단 하루도 살 수 없을 것 같다고 생각하며 살았다. 하지만 가난 때문에 중학교를 졸업하자마자 일찍 객지로 나와 직장 생활을 시작해야 했다. 열일곱 어린 나이에 사회는 그저 두려운 존재였다. 다행스럽게도 작은 언니와 같은 직장에서 같은 일을 하며 5년간 함께 생활하게 되었다. 언니는 나의 버팀목이 되어주었고, 사회 적응에 대한 두려움이 다소 있었지만, 그런대로 잘 적응할 수 있었다. 그러던 어느 날, 언니는 결혼을 이유로 함께 자취하던 곳을 떠나면서 나 홀로 남게 되었다. 그때 나는 많은 생각을 했다. 인생의 여정은 홀로서기라는 것을.

인생은 개인의 경험과 선택으로 이루어지는 여정이다. 각자의 삶은 고유한 경험으로 가득하며, 타인의 도움을 받더라도 결국 그 길은 혼자 걸어야 한다. 내 인생의 모든 결정은 내가 내려야 한다. 누군가의 조언이나 지지가 필요할 수는 있지만, 최종 선택은 결국 나에게 달려 있다. 나의 기쁨, 슬픔, 불안 등 모든 감정은 타인이 경험할 수 없는 나만의 것이다. 홀로 서는 것이 성장의 기회임을 깨닫게 되면, 스스로 문제를 해결하고 독립적으로 살아가며 더욱 발전할 수 있다. 사랑하는 사람들과의 관계가 중요한 만큼, 혼자만의 시간 속에서도 그 관계를 통해 자신의 정체성을 더욱 굳건히 할 수 있다. 인생은 결국 혼자 걷는 길이지만, 그 여정에서 만나는 사람들과의 연결은 삶을 더욱 풍요롭게 채워줄 수 있다.

홀로 서는 과정은 자신을 깊이 알아가는 소중한 기회다. 혼자만의 시간을 통해 생각하고 느끼며 경험함으로써 진정한 자신을 발견할 수 있다. 홀로 선다는 것은 스스로를 책임지고 자립적인 삶을 살아감을 의미한다. 스스로 결정하고 그 선택에 책임을 지는 능력이 길러진다. 혼자 어려움을 극복하는 경험은 마음을 더욱 강인하게 만들어 준다. 도전과 시련은 우리를 더욱 성숙하게 이끈다. 홀로 서는 과정을 통해 자신을 사랑하고 존중하며, 자신의 가치와 가능성을 깨닫게 된다. 하지만 혼자서는 모든 것을 다 할 수 없음을 깨닫게 되기도 한다. 진정한 홀로서기는 타인과의 관계 속에서 더욱 깊어질 수 있다. 홀로 선다는 것이 때론 외롭고 힘들지만, 그만큼 성장할 기회가 되기도 한다는 것을 깨닫게 된다.

　언니가 떠난 후 혼자 남겨진 나는 홀로서기를 위해 더욱 강해져야 한다고 생각했고, 잠이 많은 탓에 게으름을 부릴 때도 많았지만, 늘 게을러서는 안 된다고 다짐했다. 인생에서 돈이 전부는 아니나, 반드시 필요한 존재임은 분명하다. 돈을 얻기 위해 단 하루라도 쉬면 불안감이 엄습하곤 했다.
　가난한 집안에서 태어나 형제는 많았지만, 당시 모두가 먹고살기 빠듯했던 듯하다. 그래서 혹시라도 내게 무슨 일이 생길까 늘 근심하며 살았던 것 같다. 형제간의 남다른 우애가 마음의 위안은 될지언정, 경제적으로 나를 도울 사람은 없다고 생각했다. 내 인생은 오롯이 혼자 헤쳐 나가야 한다고 어린 마음에도 늘 그리 생각하며 살았다. 그렇기에 직장 생활에 매진할 수밖에 없었다. 어린 시절 가난은 오히려 나를 홀로서게 하는 데 큰 도움이 되었는지 모른다. 스스로 일어설 힘이 자라나고 있었다. 만약 부잣집 딸로 태어났다면 지금과는 전혀 다른 삶을 살고 있지는 않았을까!
　직장 생활을 하면 할수록 사회에 대한 두려움은 점차 사라졌고, 혼자서도 충분히 살아갈 수 있다는 자신감이 생겨나기 시작했다. 언니가 함께하던 자취방을 떠난 지 수년이 지날 때쯤!
　시간이 흐르고 때가 되었으니 나도 언젠가는 가정을 이루어야 되지 않을까 하는 생각을 했다.

스물아홉 살에 지금의 남편을 만나 결혼을 했다. 중매로 결혼한 나는 남편이 천식을 앓고 있다는 사실조차 까맣게 몰랐다. 내가 선택한 삶이기에 후회해도 소용없다고 여겼고, 그 모든 책임은 오롯이 내가 져야 한다고 생각했다. 남편의 천식을 고치기 위해 온갖 애를 썼던 것 같다. 그 와중에 서른 살에 아들을, 서른두 살에는 딸을 낳았다. 내 몸은 밤낮 가리지 않고 쉴 새 없이 움직여야 했다. 모든 것을 스스로 책임져야 했기에, 부지런히 생활할 수밖에 없었다. 넉넉지 않은 형편에 언젠가는 경제 활동을 해야겠다고 마음먹었다. 큰 아이 초등학교 1학년, 작은 아이 여섯 살, 아이들을 돌보면서 자유롭게 할 수 있는 일을 찾고 있었다. 그러던 중 친구의 권유로 생각지도 않았던 보험 일을 시작하게 되었다. 교육을 받으면서 보험 일은 내게 엄청난 꿈을 꾸게 하는 직업처럼 느껴졌다. 꿈을 품는다는 것은 자연스레 나를 움직이게 하는 원동력이 되었다. 그래서인지 처음부터 열정적으로 일했던 것 같다. 처음에는 새로운 것에 도전하고 배우는 일이 무척 흥미로웠고 활력이 넘쳤다. 시간이 흐르면서 고객을 만나 보험 가입을 권유하는 일이 마냥 즐겁지만은 않았다. 점차 스트레스가 쌓여갔다. 집안일에도 최선을 다하면서 보험 일을 몇 년 동안 했을 즈음이었다. 화물주차장을 운영하는 지인이 보험 일로 스트레스받지 말고 용달을 해보라고 권유를 하는 것이었다. 내가 과연 할 수 있을까 하는 생각도 들었지만, 새로운 것에 대한 남다른 도전 정신으로 용달을 해보기로 마음먹었다. 귀가 얇은 탓에 나의 도전은 또다시 시작되고 있었다.

　남편에게 용달을 하면 어떻겠냐고 물으니 반대도 찬성도 아니라고 했다. 하지만 해보겠다면 차는 사 주겠다고 했다. 그리하여 0.5톤 라보 차량에 차는 작지만 영업용 넘버를 달고 전국을 누비기 시작했다. 여기저기 돌아다니는 직업이라 내 적성에는 맞는 듯했다. 시간이 자유로워 아이들을 돌보며 할 수 있어서 괜찮았다. 결혼 후 줄곧 같은 동네에 살았던 터라 지인들은 용달 부를 일이 있으면 나를 먼저 찾아주었다. 그래서 처음 시작할 때부터 고정 일이 있어 다른 용달 기사들보다 일을 더 많이 할 수 있었다. 차는 작고 오르막에서는 가속이 더뎌 속도를 내기가 어려웠다. 다른 차들의 흐름을 방해하고 위험을 초래할 것 같았다. 그래서 다른 운전자들 눈에 잘 띄게 차량 운전석 뒤에는 '공주님, 행차셔요', 화물칸 뒤에는 '아무리 밟아도 이게 다야'라는 문구를 크게 써 붙이고 다녔다. 그러자 어디를 가든 조금은 안심이 되었다. 다들 알아서 잘 비켜가는 듯했다.

　그 작은 차에 가구를 가득 싣고 남양주에서 전라도 광주와 대구까지 다녀오기도 했다. 그때 그 작은 차에 짐을 가득 싣고 대형차들이 쌩쌩 달리는 고속도로를 어떻게 지났는지 지금 생각해도 아찔하다. 특히 차선도 많고 노면 상태도 좋지 않은 데다 대형 버스와 화물차들이 쉴 새 없이 오가는 경부고속도로 운전은 정말 아찔했다. 대형차들이 옆을 스쳐 지나갈 때면 핸들을 꽉 잡아야 했다. 힘껏 잡아도 꼬마 용달차는 이리저리 휘청거렸다. 자칫 잘못하면 한 순간에 저세상으로 갈 수도 있는 일이었다. 지금 생각해 보면 다시 그 일을 하라고 하면 무서워서 못 할 일이다. 특히 잠이 많은 나는 용달 일을 할 때도 졸음과의 전쟁을 치러야 했기에 더욱 그랬다. 장거리 운전은 더욱 곤욕이었다. 그래도 운전이 적성에 맞았는지 15년을 운전직에 몸담고 있다.

보험 일은 대리점에서 했기에 투잡, 쓰리잡까지 가능했다. 그래서 용달 일을 하면서도 보험 가입을 원하는 지인들이 있으면 용달차에 짐을 싣고 청약서를 들고 고객을 만나러 갔다. 그렇게 열심히도 살았다. 용달 일을 만 3년 하고 운행한 거리를 보니 18만 5,000킬로미터였다. 용달 일을 시작한 지 3년쯤 되었을 때 영업용 용달차들이 대거 늘어나면서 일거리가 점차 줄어들기 시작했다. 용달 일은 4대 보험과 퇴직금이 없을 뿐 아니라 모든 경비를 자비로 지출해야 한다. 일이 많이 줄어 국민연금과 의료보험료를 내고 경비를 지출하고 나면 실질적인 수입은 턱없이 부족했다.

그러던 중 교차로나 벼룩시장에서 일자리를 찾아보던 중, 계속 눈에 띄는 광고가 있었다. "마을버스기사 구합니다(초보자 환영)."라는 광고였다. 예전에 남편이 여자 버스 기사를 보고 멋있다고 했던 말이 떠올랐다. 나도 남편에게 멋진 여자로 보이고 싶다는 생각이 들었다. 선글라스를 쓴 멋진 여자 버스 기사의 꿈을 꿔보았다. 상상만으로도 가슴이 벅차오르고 기분이 좋아졌다. 남들도 다 하는 데 나도 할 수 있겠지! 하는 마음으로, 근심과 기대를 안고 꼭 해보아야겠다는 각오를 다졌다.

내 몸이 성하다면 남을 도울지언정, 가능한 한 남의 도움 없이 살겠다는 것이 나의 철칙이다. 삶에서 돈이 전부는 아니지만, 돈 없이는 살아갈 수 없고 남을 돕는 데도 돈이 필요하다. 버스 운전을 하면 학력이 높지 않은 나에게도 다른 직업보다 경제적으로 가정에 큰 보탬이 될 수 있다고 믿었다.

버스 운전을 결심한 후 가족들이 반대할까 봐 버스운송자격증 문제집을 구해 몰래 공부했다. 버스 운전을 하려면 1종 대형 면허와 버스운송자격증이 필수인데, 운전정밀적성 검사에서 적합 판정을 받아야 버스 운전 자격 시험에 응시할 자격이 주어진다. 버스 운전은 한번 익혀두면 나이가 들어도 건강만 유지하면 계속할 수 있는 직업 같았다. 그 결과, 1종 대형 면허 취득, 운전정밀적성검사 적합 판정, 버스운송자격증 취득까지 단 12일 만에 속전속결로 모두 이루어 냈다. 자격 취득 후 다음 날, 곧바로 입사 서류를 준비하여 집에서 가까운 마을버스 회사에 제출했다. 이틀 뒤, 출근하라는 연락을 받았다. 그렇게 버스 운전이라는 새로운 직업을 시작하게 되었다. 무섭고 두려웠지만, 멋진 여기사가 되리라는 부푼 꿈을 안고 열흘간의 견습과 실습에 최선을 다했다. 입사 서류를 제출하고 열하루 만에 배차를 받았다. 대형 면허 취득을 위해 면허시험장에 접수한 지 한 달도 채 되지 않아 배차까지 받게 된 것이다. 겁이 많은 내가 속전속결로 해냈다는 사실이 그저 자랑스러웠다. "넌 정말 대단해." 스스로 자화자찬을 하면서 내 인생의 2막이 펼쳐지고 있는 것 같았다.

그렇게 마을버스 운전 경력을 1년 정도 쌓은 후 KD운송그룹에 입사하게 되었다.

40대 중반에 시작한 버스 운전은 용달과는 사뭇 다른 느낌으로 다가왔다. 버스 운전을 시작하기로 마음먹었을 때, 버스 운전이 나의 마지막 직업이 될 것이라고 굳게 다짐했다. 돌아다니는 일이 적성에 맞았고, 용달보다 임금도 훨씬 나았기에 정년까지 버스 운전을 하겠다고 굳게 다짐했다. 버스 운전을 4년 정도 했을 무렵, 친정 엄마의 병세가 악화되어 병간호를 위해 잠시 회사를 그만두게 되었다. 엄마의 병환은 뇌암이었다. 치매와 같은 증세로 뇌 기능은 점차 쇠퇴해 갔다. 엄마의 그 모습을 보며 가슴이 찢어지는 듯 아팠다. 그 모습은 참으로 외롭고 쓸쓸해 보였다. 하염없이 눈물만 흘러내렸다. 그 아픔은 그 누구도 대신할 수 없기에, 오롯이 자신만이 감당해야 한다. 병간호를 하며 여러 생각에 잠겼다. 어쩌면 감사해야 할 일인가! 마지막 인사와 마음의 정리도 할 겨를 없이 갑작스레 떠나신다면, 그 아픔은 더욱 오래도록 지속될 수 있다는 생각이 들었다. 마음을 정리할 시간이 내게 주어진 것에 감사하며 긍정적인 마음을 갖기로 했다. 그동안 엄마와 함께한 시간은 한 달에 한두 번 주말에 시골에 잠시 다녀온 것이 전부였다. 다정하게 살갑게 대해 드리지 못한 죄송함과 아쉬움이 함께했다. 언제 떠나실지 모르지만, 가시는 날까지 엄마께 최선을 다해야겠다고 마음먹었다. 그동안 엄마에게 전하지 못했던 "엄마, 정말 감사해요. 전 엄마의 딸로 태어난 것이 얼마나 자랑스러운지 몰라요. 어린 시절, 먹고 입는 것이 풍족하진 않았지만, 엄마가 자식들을 위해 최선을 다하셨다는 걸 잘 알고 있어요. 제게 공부보다 밭일을 강조하시던 엄마의 말씀은 제 안에 강한 자립심을 키워주었죠. 그래서 저는 누구보다 이 세상을 잘 헤쳐 나갈 수 있었고, 앞으로도 그럴 거라 믿어요. 그 감사함은 지금껏 제 가슴 한편에 늘 자리하고 있어요. 다음 생에도 엄마의 딸로 태어나고 싶어요. 그래서 못다 한 효도를 하고 싶어요, 엄마, 사랑하고 존경해요." 그 말씀을 알아들으셨을 거라 믿으며, 펑펑 울었다.

병간호를 하면서, 어린 시절 엄마가 내게 해주셨던 것처럼 엄마의 변을 닦아드리고 기저귀를 채워드렸다. 처음에는 망설였지만, 엄마가 내게 해주셨던 일을 떠올리니 못 할 것이 하나도 없었다. 엄마의 변을 치우면서 나는 그 냄새를 전혀 느끼지 못했다. 신기할 따름이었다. 지금 생각해도 여전히 의문이다. 어째서 냄새가 나지 않았는지.

곁에서 병간호를 하지만, 아픈 이의 고통은 오롯이 그 사람만이 감내해야 한다. 삶은 그렇게 떠날 때조차 홀로 외로이 가는 것이 우리네 운명인가 보다. 고독과 허망함은 인간에게 자연스레 스며드는 감정인 듯하다. 문득 나의 고독한 여정도 여전히 진행 중임을 깨달았다.

대개 그렇듯, 인간은 혈육끼리도 작은 이익을 두고 다투고, 심지어 자길 낳아준 부모를 해하기도 하며, 부모와 자식 간, 가족 간에 원수처럼 지내는 경우를 주변에서 어렵지 않게 목격한다. 인간은 본디 이기적이기에 어쩌면 당연한 귀결인지도 모른다. 이런 점들을 생각하면 인생은 결국 혼자라는 생각이 더욱 짙어진다. 모두가 제 이익을 좇아 살아가는 것이 당연하게 여겨질 때면 더욱 그러하다. 때로는 평소 매우 가깝게 지내 가족처럼 느껴지는 사람들이 있다. 그들이 혹시라도 내게 무슨 일이 생기면 도움을 줄 거라는 엄청난 착각을 한 적이 있었다. 정성을 쏟았기에 그런 착각을 했는지도 모른다. 형제조차 외면하는 세상이니 타인이 그럴 일은 거의 없다. 나 또한 타인에게 그럴 일 없다고 생각하니 내 삶의 책임감은 더욱 무겁게 느껴졌다.

대부분이 그렇게들 살아가지만, 나는 성인이 되면서 형제들에 대한 집착이 심해졌다. 내가 잘 살아야 하는 이유는 나보다 어려운 형제들을 도와야 한다는 부담감 때문이었다. 결혼 후에도 그 마음은 여전했다. 때로는 모든 일을 멈추고 쉬고 싶다가도 형제들을 생각하면 그마저도 쉽지 않았다. 내가 왜 그렇게 살아왔는지 나조차 이해할 수가 없다.

하지만 얼마 전부터는 각자의 삶은 각자가 책임지는 것이며, 고통스럽고 어려운 일도 스스로 감당하며 자립해야 한다는 생각을 했다. 어미 새에게 먹이를 받아먹던 아기 새도 둥지를 떠나는 날부터는 모든 것을 스스로 해결한다. 이처럼 남의 인생에 내가 관여할 필요가 없음을 깨닫고 나니 마음이 한결 편안해졌다. 세상의 주인공은 나 자신이며 내가 가장 행복해야 한다는 것을 깨달은 후 많은 것을 내려놓았다. 남의 인생을 걱정하는 것은 나에게 아무런 도움이 되지 않을뿐더러 괴로움만 더할 뿐이라는 것을 알았다.

평생을 사용한 몸이 나이가 들면 성할 리 없다. 그러므로 누구나 나이 들면 아픔을 느끼는 것은 당연하다. 만약 내가 병들어 누워 있다면 과연 누가, 내 자식들은 엄마인 나를 얼마나 돌봐줄까! 남편마저 나를 짐 덩이로 여기지는 않을까! 어서 죽기를 바라지는 않을까! 그럴 때마다 내 인생은 내 것, 남편의 인생은 남편의 것, 자식들은 각자의 인생을 살아가야 하는 것이라고 생각을 하게 된다. 그러므로 내 인생을 남에게 의존하지 않으려면 건강관리에 더욱 힘써야 한다. 곰곰이 생각해 보면 인생은 결국 혼자임이 맞다. 혼자인 인생, 타인(배우자와 자녀를 포함한 모든 사람)에게 도움을 줄 수 있다면 주되, 가능한 바라지 않고 살아야 외로움과 괴로움이 덜할 것이다.

늘 타인에게 기대고 의존하는 사람일수록 나이가 들수록 외로움을 더욱 느끼게 된다.

젊을 때는 나이가 들수록 친구가 많아야 한다고 생각했다. 하지만 친구들이 영원히 내 곁에 함께할 수는 없다. 나이가 들었으니 언제 떠날지 모르는 친구들인 것이다. 결국 마지막에는 혼자 남게 될지도 모른다. 그러므로 나이가 들어도 친구는 적당히 있는 편이 낫다. 그러한 날에 대비하여 때로는 혼자서도 행복하게 살아가는 방법을 건강하고 젊을 때부터 익혀둘 필요가 있다.

시골에서 홀로 지내시던 친정엄마는 내게 아주 특별한 분이었기에 오래오래 건강하게 사실 거라고 굳게 믿으며 살았다. 엄마가 돌아가시리라고는 아프시기 전에는 상상조차 하지 않았다. 엄마는 영원히 우리 곁에 계실 듯, 자연의 이치와는 동떨어진 존재처럼 느껴졌다. 짧다면 짧고 길다면 긴 4개월의 투병 생활 끝에, 추운 겨울, 엄마는 끝내 하늘나라로 떠나셨다. 아주 긴 투병 생활이 아니기에 고통도 그리 길지 않아 다행이라고 해야 할지, 가슴 저미듯 안타까워해야 할지 모르겠다. 그렇게 엄마는 홀로 쓸쓸히 떠나시는 듯했다. 세상에 모두가 떠나고 나 홀로 남겨진 기분이었다. 그 후, 진정한 홀로서기 2막이 시작되었다.

텃밭 가꾸기에
도전하다

엄마를 여의고 얼마 되지 않아 다니던 버스 회사에 다시 입사하게 되었다. 엄마 생각은 잠시라도 머릿속에서 떠나질 않았다. 매일, 매 순간 엄마 생각뿐이었다. 버스 운전조차 제대로 집중하지 못할 때가 많았다. 때로는 눈물을 글썽이며 운전하다 시야가 흐려져 앞을 제대로 보지 못한 적도 여러 번 있었다. 이러다가는 우울감에서 영영 벗어나지 못할 것만 같았다.

몇 달 후, 그해 봄, 새싹이 하나둘 돋아나고 들판에 꽃들이 만개하는 4월이 찾아왔다. 봄이 되니 내 기분도 조금씩 봄을 닮아가는 듯했다. 재입사 후 이전 노선이 아닌 다른 노선에서 운행하게 되었다. 그 노선의 버스 종점 바로 옆에는 황무지가 있었다. 그곳은 몇 년간 엉켜 자란 칡넝쿨과 잡초가 무성한 200여 평의 땅이었다. 처음 운행하는 노선이라 처음 마주한 땅이었다. 주인 없는 땅처럼 보였다. 오랜 시간 방치된 잡초와 칡넝쿨은 흉물스러웠고, 여름이면 뱀이 출몰하고 쓰레기장이 된다는 동료들의 이야기가 있었다. 4월이라 잡초가 많이 자라지 않아 밭의 실상은 잘 몰랐지만, 쓰레기 밭이라는 것은 분명히 알 수 있었다. 앙상해진 칡넝쿨과 겨울을 난 잡초 사이로 지저분하게 쌓인 쓰레기들이 훤히 드러났다. 쓰레기를 버리는 사람은 있어도 치우는 사람은 없는 듯했다. 풀밭은 쓰레기를 함부로 버리기에 안성맞춤인 장소였다. 그 땅을 그대로 방치하면 잡초와 쓰레기 더미로 변할 것이 분명했다. 깊이 생각한 끝에 남편에게 그 땅을 한번 일구어 보자고 제안했다. 그러자 남편도 흔쾌히 동의했다. 남편과 둘이 틈틈이 딱딱한 자갈밭을 농기계 없이 오직 삽 하나로 일구어 나갔다. 몸은 힘들었지만 중도에 포기할 수는 없었다. 아름답게 가꿔질 모습을 상상하니 고된 줄도 몰랐다. 힘든 작업 속에서도 돌을 고르고 비닐 멀칭까지 마무리했다. 그 땅이 비로소 밭의 모습을 갖추기까지 꼬박 두 달이나 걸렸다. 그렇게 황무지를 아름다운 밭으로 만들겠다는 목표를 세우게 되었다.

뇌리에는 돌아가신 어머니 생각으로 가득했는데, 밭을 일구면서 점차 우울감에서 벗어나는 듯했다. 점차 생기와 활력을 되찾으면서 내 얼굴엔 화색이 돌기 시작했다. 몸은 쉴 새 없이 움직였다. 나이가 들면 텃밭을 가꾸며 살고 싶어 하는 사람들이 많은데, 나 역시 그런 사람 중 하나였나 보다. 격일제로 버스를 운전하는 나는 쉬는 날이면 잠도 덜 자고 힘든 줄도 모른 채 자연스레 텃밭으로 향하곤 했는데, 그 재미에 푹 빠져 있었던 것 같다. 아무것도 하지 않으면 인생은 다람쥐 쳇바퀴 돌듯 매일 똑같다. 하지만 텃밭을 가꾸며 날마다 자라나는 채소를 볼 때면 매일이 새롭게 느껴졌다.

처음 텃밭을 일구는 터라 아는 것이 많지 않아 유튜브와 인터넷을 검색하며 공부에 매진하다시피 했다. 매일같이 몇 시간씩 찾아보곤 했으니 말이다. 순서에 따라 퇴비를 뿌리고 밭을 고른 뒤 비닐 멀칭 작업을 했다. 농사일을 절반은 끝낸 듯한 기분이었다. 모종을 하나하나 사서 심고 씨앗을 뿌리면서 재미는 더욱 커져갔다. 내가 직접 심고 씨 뿌린 채소들이 하루가 다르게 자라는 모습은 감동 그 자체였다. 이웃과 나눠 먹으려고 상추를 300~400포기나 심었다. 알고 보니 꽤나 많은 양이었다. 고추, 토마토, 오이, 호박, 수박, 가지, 배추, 무, 고구마, 감자, 옥수수, 땅콩, 강낭콩 등 다양한 작물을 심었다. 각 작물을 키우는 재미를 느끼며 정성껏 가꾸었다. 수확의 기쁨은 물론, 나눔의 기쁨은 더욱 컸다. 산업단지 내에 위치한 탓에 점심시간을 이용해 텃밭을 구경하러 오는 근로자들이 적지 않았다. 비록 그들이 직접 심은 것은 아니었지만, 날마다 자라나는 텃밭의 모습에 함께 공감했다. 꽃길을 조성하면 텃밭이 더욱 아름다워질 것 같아 길가에 메리골드를 심었는데, 그 색색의 조화가 무척이나 아름다웠다. 메리골드는 여름부터 서리가 내리기 전까지 꽃이 피고 지기를 반복했다. 메리골드는 늦은 시기까지 오랫동안 들에서 볼 수 있는 꽃이다. 사진을 찍어 가는 사람들이 많을 정도로, 그 텃밭은 정원과 같은 아름다운 분위기를 자아냈다.

　2021년, 그해에 처음 농사를 시작했는데, 그곳은 물조차 귀한 곳이었다. 첫해부터 하늘이 도운 것일까! 비는 어김없이 때맞춰 잘도 내려주었다. 때맞춰 비를 맞은 채소들은 더할 나위 없이 잘 자라 주었다. 무럭무럭 자라는 채소를 보며 지나가는 사람들은 나를 농사 전문가라고 칭찬했다. 농사가 처음이라 말했더니 전혀 믿는 눈치가 아니었다. 어떤 이는 칭찬을 아끼지 않았다. 그 말을 듣고 나는 몹시 기뻤다. 하고 싶던 일을 하며 인정까지 받으니 진정 행복한 사람이란 생각이 들었다.

　그곳은 버스 종점이라 버스 운행하는 날이면 채소가 자라는 모습을 날마다 볼 수 있어 더없이 좋았다. 채소를 수확하여 동료들과 지나가는 사람들에게 나누어 주곤 했다. 쉬는 날이면 수확한 채소를 이웃들과 나누곤 했다. 하고 싶어 시작한 일이었고, 나눔의 목적 또한 컸기에 고되었지만 포기하겠다는 생각은 단 한 번도 없었다. 누군가 돈을 준다 해도 뜨거운 여름날 땡볕 아래에서 잡초를 뽑는 일은 아무나 할 수 없을 것이다. 무더운 여름날, 땀을 뻘뻘 흘리며 쓰러질 듯 힘든 순간에도 꿋꿋이 버텨냈다. 뜨거운 볕 아래 잡초를 뽑으면서도 텃밭을 정성껏 가꾸리라 다짐했던 건, 꿈과 목표가 있었기에 가능한 일이었다.

첫째, 버스 종점이자 산업단지 내에 위치한 텃밭을 오가는 많은 이들이 혐오스러운 모습 대신 깔끔하고 정원 같은 분위기를 느끼길 바라는 마음에서 정성껏 가꾸고 싶었다. 또한 아름다운 꽃길을 조성하고 싶었다. 그곳을 지나치는 많은 이들이 미소 짓기를 바라는 마음에서였다. 어쩌면 많은 이들에게 인정받고 싶었는지도 모른다.

둘째, 돌아가신 엄마 생각에 잠겨 우울감에서 벗어나지 못하는 나를 억지로라도 바쁘게 움직이면 우울함이 사라질 거라 믿었다.

셋째, 직접 재배한 채소로 건강을 챙기면서 경제적인 보탬도 될 것이라 여겼다. 또한 수확한 채소를 이웃과 나누면, 이웃의 건강까지 챙길 수 있어 더할 나위 없는 행복을 느낄 수 있을 것이라 생각했다. 그러한 이유로 텃밭 가꾸기에 도전을 한 것이다. 텃밭 가꾸기 5년째인데 해마다 새롭다. 때론 피곤하고 지칠 때도 가끔 있지만 얻는 것이 잃는 것보다 훨씬 많기에 농사일의 양은 줄일 수 있어도 텃밭 가꾸기를 포기하지는 않을 것이다.

사람은 운동을 해야 건강해진다는 사실은 누구나 다 알고 있다. 텃밭에서 움직이며 땀을 흘리고 나면 운동 못지않게 노폐물이 배출된다. 그제야 알게 되었는데 땀을 많이 흘리면 우선 혈관과 근육이 이완된다. 또한 몸속 수분이 배출되므로 자연스레 물을 찾게 된다. 물을 많이 마실수록 몸속의 다른 수분이 요동치며 몸 밖으로 배출되려 한다. 그 과정에서 혈액이 정화되면서 피가 맑아진다. 마치

고인 물웅덩이에 더러운 물을 흘려보내기 위해 한쪽을 터주는 상황을 떠올리게 한다. 우리 몸의 혈액을 맑게 하고 혈액 순환이 잘되게 한다면 노화로 인한 질병의 진행 속도를 늦출 수 있다. 땀을 흘리면 피부 또한 매끄럽고 촉촉해진다는 것을 그제야 알게 되었다.

그렇게 꿈과 목표를 가지고 텃밭을 열심히 가꾸다 보니 긍정적인 생각과 함께 삶의 활력을 찾게 되었다. 텃밭 가꾸기의 참맛을 모르는 사람은 노동이라고 생각할 수도 있다. 힘들지만 보람찬 나날을 보내고 있다고 여기고 있을 때, 텃밭을 가꾸는 모습을 지켜보던 동료 후배가 자기는 블로그를 열심히 운영한다고 했다. 어느 순간 새로운 것에 대한 흥미가 솟아난 나는 블로그가 무엇인지 알고 싶어졌다.

블로그를 시작하다

　50대 초반의 나이에 모두가 안다는 블로그를 나는 알지 못했다. 나는 동료에게 블로그가 뭐냐고 물었다. 그 동료는 내게 잘 알려주었다. 남들이 모두 아는 블로그를 그제야 나는 알게 되었다. 남들보다 뒤처진 삶을 사는 듯하여 창피한 마음도 들었다. 나도 블로그를 해보고 싶다고 말하자 방법을 알려주었다. 블로그는 자신이 잘하거나 잘 아는 것을 주제로 삼으면 오랫동안 재미있게 할 수 있다고 했다. 그렇게 블로그의 '블' 자도 모르던 나는 얼떨결에 블로그를 시작하게 되었다.

　블로그를 처음 알게 된 2021년 10월, 텃밭 농사를 시작한 지 7개월 정도 되었을 때였다. 내가 가장 잘하고 관심 있는 일은 그 당시 텃밭을 가꾸는 것이었다. 그래서 텃밭에 각종 채소를 심고 수확하는 시기와 방법에 대해 직접 경험한 내용을 하나씩 포스팅 하기로 마음먹었다.

마침 처음 밭을 일굴 때 찍어둔 사진이 몇 장 있어 황무지를 개간하는 과정부터 포스팅을 시작했다. 격일제 근무였기에 쉬는 날은 거의 밭에서 살다시피 지냈다. 밭을 일구고, 심고, 가꾸고, 수확하는 일이 끝나면 또 다른 작물을 심어야 했기에 밭일은 끝없이 이어졌다. 텃밭에 할 일이 많기도 했지만, 포스팅 소재를 찾기 위해 집안일을 마치고 남는 시간에는 대부분 텃밭에서 시간을 보냈다. 그리고 때로는 맛집이나 카페 등 내가 가는 곳 어디든 포스팅을 위해 핸드폰 카메라를 들이댔다.

솔직히 말하면 책 읽는 것을 그다지 좋아하지 않아 평생 책을 거의 읽지 않고 살았다. 글재주가 있는 것도 아니었으므로 글쓰기가 막막할 수밖에 없었다. 경험을 토대로 글을 쓰고, 어색한 부분을 자연스러워질 때까지 여러 번 수정하니 제법 괜찮아 보였다.

며칠에 하나씩 블로그에 글을 올리다 보니 글쓰기 실력이 조금씩 향상되는 듯했다. 글을 쓰는 데도 시간이 많이 걸렸지만, 글감을 찾는 데도 적잖은 시간이 필요했다. 시간이 흐르자 내 일상을 글로 써야겠다고 생각했다. 일상에서 소재를 찾으니 더욱 풍부하게 발견할 수 있었다. 그렇게 해서 나의 모든 글은 100% 경험을 바탕으로 쓰이게 되었다.

시간이 흐르면서 블로그는 혼자 보려고 시간을 들여 글을 쓰는 것이 아니라는 생각이 들었다. 상위 노출이 되어야 더 많은 사람들이 내 글을 읽을 수 있다는 사실을 알았다. 처음 내게 블로그를 알려준 친절한 동료가 블로그 지수를 확인하는 방법을 알려주었다. 덧붙여 상위 노출 방법에 대한 조언도 해주었다. 나는 그 말을 듣고 곧바로 연구에 착수했다. 수개월 동안 여러 시도를 거듭한 끝에, 상단 노출 방법을 조금이나마 터득할 수 있었다. 아무리 상단 노출 기법을 활용해도, 매일 포스팅하는 블로거나 인플루언서를 따라잡을 수 없다는 사실을 깨달았다. 그래서 상단 노출 효과를 높이기 위해, 나 또한 매일 1일 1포스팅을 하며 쉴 새 없이 바쁜 나날을 보냈다.

나는 사람과 술을 좋아해서 버스 운전을 하기 전에는 술자리가 아주 잦았다. 하지만 버스 운전을 시작하면서 직업 특성상 저녁에 술을 마실 수 없게 되었다. 그래서 회사 동료들과 낮에 축구를 하거나 간담회가 있을 때 어쩌다 한두 잔 기울이는 정도로 술자리가 크게 줄었다. 하지만 매일 포스팅을 시작한 이후로는 술 마시는 날이 거의 없을 정도로 내 삶은 완전히 달라져 있었다. 매일매일 바쁜 일상에 쫓기다 보니, 사람들을 만나지 못해도 외로움이나 우울함을 느낄 겨를조차 없었다. 그렇게 혼자만의 시간은 자아 발견과 성장을 가능하게 하고, 자아실현을 통해 성취감을 얻을 수 있다는 것을 깨달았다.

그 덕분에 새로운 목표와 꿈을 품게 되었다. 우연찮게 재미를 붙여보겠다고 시작한 블로그!

글쓰기 실력도 미흡하고 전문가적이지 않고 재미로 시작한 블로그가 나에게는 작은 목표와 꿈을 설정해 주었다. 버스 운전을 하면서 꾸준히 블로그에 글을 올린 결과, 또 다른 목표를 향해 바쁘게 움직이고 있었다. 꿈과 목표가 없었다면 그토록 바쁘게 움직이진 않았을 것이다. 언제 이루어질지 모르지만, 작든 크든 목표가 있어야 비로소 나아갈 힘이 생긴다는 것을 알았다. 가까운 미래든, 먼 훗날이든 꿈과 목표를 품고 살아가는 사람은 게으를 수가 없다. 꿈과 목표는 더욱 부지런한 삶을 이끌어 준다.

블로그를 운영하며 주로 텃밭에 관한 글을 게시했다. 그런데 어느 날, 버스 기사인 내 직업과 관련된 포스팅을 해보면 좋겠다는 생각이 문득 떠올랐다. 포스팅을 위해 버스 운행에 더욱 주의를 기울이고 관심을 갖기 시작했다. 버스 운전을 직접 하면서, 버스 운전 경험이 없는 사람은 전혀 느끼지 못하는 감정과 생각을 하게 된다. 다양한 점을 느낄 수 있지만, 가장 중요한 버스 사고는 왜 끊이질 않는지, 신호 위반은 왜 하는지, 연료 절감 운전은 어떻게 해야 하는지, 사고 시 대처 요령 등을 알 수 있다. 버스 관련 포스팅을 하나씩 하다 보면 버스 사고와 연료 소모를 줄이는 데 기여할 수 있을 것이라 생각했다. 그래서 버스 관련 포스팅을 하나씩 시작해 보기로 마음먹었다.

　버스 운전 10년째인데 입사 후 2~3년이 지나면서 회사에 버스 사고가 잦아, 어떻게 하면 사고를 줄일 수 있을지 늘 고민해 왔다. 오랜 기간 운행하며 주의 깊게 살펴본 결과, 끊이지 않는 버스 사고의 원인을 파악할 수 있었다. 회사에서 꾸준히 사고 감소를 위해 노력했음에도 불구하고 사고는 끊이질 않았다. 계속되는 노력에도 버스 사고는 계속되었기에 승무원인 내가 그 일을 감당하기란 쉬운 일이 더더욱 아니었다.
　내 말투는 그다지 상냥한 편이 아니다. 하지만 내 말투를 매우 편하게 생각하는 사람들도 적지는 않다. 사람마다 생각이 다르고, 나를 잘 모르는 동료 중에는 내 말투 때문에 상처받은 이들도 있었을 것이다. 버스는 혼자 운행하는 것이 아니기에 깊이 고민하여 찾아낸 해답을 내 방식대로 동료들에게 전달한 것이 불쾌감을 준 듯하다. 버스 운행 중 잦은 사고가 발생하는 원인을 운행 승무원들은 어느 정도 인지하고는 있을 것이다. 대부분의 동료들은 다른 동료에게 이러쿵저러쿵 말을 꺼내려 하지 않는다. 말을 꺼냈다가 감정이 상할까 봐 참고 넘기는 경우가 많다. 좋은 게 좋은 거라는 생각을 하고 있는 분위기다. 버스 사고 감소를 위해서는 누군가 반드시 해야 할 일이라고 나는 생각했다. 혹여나 그간 내가 한 말에 대해 마음의 상처를 입은 동료가 있다면 이 글을 통해 죄송하고 미안

하다는 말을 전하고 싶다. 어렵게 시작한 버스 운전을 조급함 없이 편안하게 운행하면서 사고 없이 오래도록 운전할 수 있기를 바라는 마음에서였다는 것을 알아주었으면 하는 바람이다.

    버스와 관련해서 블로그 포스팅 이후로는 블로그를 통해 전달하니 감정 소모 없이 훨씬 효과적이라고 생각했다. 버스 관련 포스팅을 하나씩 하면서 동료들과 공유하기 시작했다. 동료들이 또 다른 동료들과 공유한다는 사실을 알게 되었다. 직접 버스를 운전하며 포스팅했기에 버스 운전하는 사람이라면 깊이 공감하리라 믿었다.

    버스 관련 포스팅을 가끔 올렸는데, 누군가 많이 보고 있다는 것을 알게 되었다. 누가 보는지 알 수는 없었지만, 꾸준한 조회 수에 감동하지 않을 수 없었다. 그래서 버스에 관심 있는 사람들에게 더 많이 알리고 싶어 버스에 더욱 관심을 갖게 되었다. 버스 운행을 하면서 생각은 많아지고 더욱 디테일해졌다. 버스 운전을 하지 않으면 느끼지 못할 것들을 운전할 때 더 많이 느끼게 된다. 그러한 느낌으로 포스팅하면 제대로 전달될 것 같았다. 운행 중 포스팅하기 좋은 내용이 떠오르면 메모지에 적어두곤 했다. 운행 중에 떠오르는 느낌을 제대로 표현하여 기록할 수 있었다. 뇌가 기억해 주리라 믿었지만, 돌아서면 대부분 잊혀 질 만큼 기억은 희미해졌다. 그래서 문득 떠오르는 글귀를 그때그때 기록하는 습관이 생겨났다. 그렇게 버스 관련 글 수십 편을 블로그에 올리게 되었다.

끊이지 않는 버스 사고!

　사고를 줄이는 방법을 나는 운행하면서 오랜 경험 속에서 알게 되었다. 확고한 목표를 잃지 않는다면, 내 블로그가 사고를 줄이는 데 조금이나마 기여할 수 있지 않을까 늘 생각했다.
　버스 관련 글을 올린 후부터는, 사고 감소 방안 등을 직접 설명하지 않아도 블로그 공유를 통해 많은 정보가 전달되었다. 버스 관련 포스팅이 실린 내 블로그의 일일 조회 수가 예상보다 높아, 버스 운전에 적잖은 영향력을 미치고 있음을 알 수 있었다. 계획했던 대로 일이 순조롭게 진행되는 듯하다. 예전에 비하면 사고 발생 건수도 상당히 줄어든 걸로 알고 있다. 하지만 여전히 사고가 잦은 노선은 존재하고 있다.

　블로그를 운영하게 된 것을 늘 감사하게 생각하며 살아간다. 그럴 때면 엄마가 내게 물려주신 유산이 아닌가 하는 생각마저 든다. 엄마 간병을 위해 잠시 회사를 그만두었다가 재입사하게 되었다. 그러면서 기존 노선이 아닌 다른 노선에서 근무를 하게 되었다. 바로 그 계기로 블로그를 시작할 수 있었기에 가끔 엄마가 내게 주신 유산이라고 생각할 때가 있다.

　일상을 포스팅하면서 가끔 축구 관련 내용도 주제로 다루었다.

축구를 좋아하는 나는 사내 축구부에서 동료들과 함께 축구를 하며 겪은 일들을 포스팅하곤 했다. 대부분 버스 운전을 하면서 축구를 즐길 수 있어도 블로그까지 운영하는 사람은 드물기에, 나의 자존감은 조금씩 높아지는 듯했다.

게다가 텃밭을 가꾸며 봄에는 두릅을 따고, 여름에는 물고기를 잡고, 가을에는 자연산 버섯을 찾아다니는 나를 별종으로 여기는 사람도 많다. 주변 사람들은 그런 나를 보며 건강하고 재미있게 사는 것 같다고 말한다. 흔치 않은 삶이라 그런지, 여자로서 내가 그렇게 사는 것을 신기하게 여기는 사람들도 있다. 그런 삶을 사는 나를 신기해하며 주변 사람들은 나에 대한 적잖은 관심의 대상으로 보는 듯하다. 그럴 때마다 자존감은 더욱 높아지고 삶의 에너지가 샘솟는 듯하다.

특별한 질병이 있었던 건 아니지만 젊었을 때부터 자주 아팠던 나는, 아프면 무기력해지고 우울해지며 삶의 질이 떨어진다는 것을 알았기에 나름대로 건강관리에 힘썼던 것 같다. 이 모든 것을 해낼 수 있었던 것은 건강을 위해 꾸준히 관심을 갖고 노력하며 관리했기 때문이라고 생각한다.

정년퇴직 후 더 이상 노동을 할 수 없게 된다면 나는 무엇을 하며 어떻게 살아야 할까! 라는 생각을 가끔 하곤 하는데, 지금처럼 블로그를 열심히 하는 것도 괜찮은 선택일 것 같다. 노후에 무료해지면 강아지도 키우고 작은 텃밭도 가꾸면서, 맛집이나 카페에 가서 친구, 이웃들과 수다도 떨고 블로그 포스팅도 하며 살아야겠다는 노후의 꿈이 생겼다.

   나는 스스로 꽤 열심히 살아왔다고 자부했다. 그러다 우연히 시작한 블로그에 열정을 쏟으면서 새로운 꿈을 꾸게 되었다. 그 꿈을 이루기 위해 쉴 틈 없이 24시간을 쪼개 쓰며 바쁘게 지냈다.

   버스 운전, 축구, 텃밭 가꾸기, 몸 관리, 블로그 운영까지 쉴 새 없이 해내던 나는 코로나19 팬데믹을 맞았다.

   전 세계가 혼란에 빠지면서 모든 사람들이 감염 위험과 건강에 대한 두려움, 불확실한 미래에 대한 불안감을 느꼈을 것이다. 사회적 거리두기는 친구, 가족과의 만남을 줄여 사람들의 외로움과 고립감을 심화시켰다. 자영업자 폐업이 속출하면서 코로나19는 온 국민을 망연자실하게 했다. 코로나19는 일시적인 현상이 아니었다. 우리는 거의 3년이라는 시간 동안 코로나19의 시대를 견뎌야 했다.

나는 임영웅 찐 덕후다

　모두가 힘겨운 시간을 보내고 있을 때, 「미스터트롯」이라는 프로그램이 방송되기 시작했다. 많은 국민들은 「미스터트롯」 출연자들의 노래를 들으며 큰 위로를 받고 있었다. 나 또한 그들 중 한 사람이었다. 그들의 노래를 듣고 있노라면 나도 모르게 눈물이 왈칵 쏟아지곤 했다. 어느 날은 나도 모르게 눈가를 타고 흐르는 눈물을 훔치며 흐느껴 울 정도로 노래에 깊이 빠져들었다. 그러면서 힘겨웠던 마음이 눈 녹듯 스르르 풀리며 근심 또한 조금씩 사라지는 듯했다. 코로나 시국이 곧 끝나고 희망이 찾아올 것 같은 기분이 들었다.
　「미스터트롯」 참가자 중 독보적인 감미로운 목소리를 가진 임영웅은 노래 실력은 물론, 그의 긍정적인 이미지는 많은 사람들에게 깊은 감동을 주기에 충분해 보였다. 임영웅의 노래는 들으면 들을수록 깊이 빠져들어 헤어 나오기 힘들 정도였다. 그 후 차 안에서, 밭에서, 집에서 언제나 임영웅의 노래를 들으며 힘든 시기를 잘 이겨낼 수 있었던 것 같다. 「미스터트롯」 임영웅을 알게 된 지 얼마 지나지 않아 나는 새로운 꿈을 꾸기 시작했다.

어느덧 임영웅의 열렬한 팬이 된 나는, 시간이 흐를수록 그의 팬덤이 커져갈 것이라고 예상했다. 전국 콘서트가 시작될 때, 티켓 예매는 엄두도 낼 수 없었고 회사 근무 때문에 콘서트에 너무나 가고 싶었지만, 갈 수 없었다. 그 후 몇 년 동안 여러 차례 콘서트가 열렸고, 여러 사람에게 티켓팅을 부탁해 성공한 덕분에 두 번이나 다녀올 수 있었다. 콘서트장에서 느꼈던 그 여운은 지금도 여전히 생생하다. 두 번의 콘서트를 다녀온 후, 나는 더욱 열렬한 임영웅의 팬이 되었다. 그래서 콘서트장이 아닌, 가까이에서 임영웅을 직접 만나 이야기를 나누고 사진도 함께 찍는 것을 꿈이자 소원, 그리고 목표로 삼게 되었다.

그렇다면 임영웅을 만나기 위해 내가 무엇을 해야 할지 고민하기 시작했다. 임영웅에게 내 존재를 알릴 수만 있다면, 무슨 일이든 최선을 다해보고 싶었다. 열렬한 팬이 자신을 간절히 보고 싶어 한다는 것을 알게 되면, 언젠가 한 번쯤은 만나주지 않을까 기대하고 있다.

우선 내가 할 수 있는 일은 블로그를 열심히 운영하는 것이라고 생각했다. 또한 익숙하지 않았지만 인스타그램과 페이스북 계정을 만들어 임영웅을 팔로우하고 열심히 댓글을 달아야겠다고 마음먹었다. 수많은 댓글 중에서 내 댓글을 읽을 가능성은 희박하겠지만, 그래도 할 수 있는 데까지는 해보기로 했다. 나의 존재를 조금이나마 알리고자 임영웅 관련 블로그 포스팅은 물론, 인스타그램과 페이스북 활동도 틈틈이 최선을 다하고 있다. 오로지 임영웅을 꼭 한번 만나고 싶다는 바람으로 나는 점점 임영웅의 열렬한 팬이 되어갔다.

회사일, 집안일, 텃밭일, 블로그까지, 하루하루 몹시 바쁘게 지내고 있다. 그렇게 바쁜 일상이 힘들 때도 있지만, 출퇴근길이나 밭에서 임영웅의 노래를 들으며 힘든 줄 모르는 날들이 많아졌다. 임영웅 노래를 여덟 살 때부터 연습한 휘파람으로 부는 것이 습관처럼 되어버렸다. 회사에서 나도 모르게 휘파람을 불면, 다들 그 소리에 귀를 기울이며 깜짝 놀라곤 한다. 사람들은 여자가 휘파람을 잘도 분다며 좋은 일이 있냐며 묻는다. 그럴 때면 나는 "휘파람을 불면 기분이 참 좋아져요."라고 대답한다.

이제는 회사 동료들이 나의 임영웅 사랑을 잘 알고 있다. 그래서 임영웅을 한번 만나는 것이 꿈이자 소원이라고 말하곤 한다. 또한 우리 축구부에 한번 초대하는 것이 목표라고 이야기하고 다닌다. 그렇게 말할수록 그것을 이루고자 하는 마음이 더욱 간절해지는 것 같다. 입 밖에 낸 말을 이루지 못하면 실없는 사람이 될 수도 있다는 생각 때문이다. 누구에게나 원하는 목표와 꿈이 반드시 이루어지는 것은 아니다. 하지만 이루고자 하는 마음이 간절하여 꾸준히 노력한다면 실현 가능한 일이 될 수 있다고 믿는다. 그래서 나는 더욱 열심히 살아가고 있는지도 모른다.

남들이 보기엔 우스꽝스럽거나 야무진 꿈이라 할 수도 있겠다. 하지만 임영웅을 만나고 싶다는 그 꿈을 꾸는 나는 매일 즐겁게 삶의 활력을 찾으며 살아간다. 그 꿈을 이루기 위해 간절히 노력하고 포기하지 않는다면, 언젠가 반드시 이루어질 것이라는 믿음은 확고하다.

2021년 6월, 어김없이 매년 열리는 언니들 축구대회가 그해에도 이천에서 개최되었다. 언니들 축구대회에 처음 출전한 우리 팀은 우승을 차지했다. 축구를 특출나게 잘하는 건 아니지만, 수년간 여성 축구대회에 여러 번 출전하며 준우승을 한 적도 있지만, 내가 속한 팀은 매번 모든 경기에서 우승을 거머쥐었다. 우리 팀은 실력도 뛰어났지만, 운도 크게 작용했던 듯하다.

그날도 이천에서 열린 언니들 축구대회에서 우승한 후 돌아오는 길, 여러 사람 앞에서 나는 입버릇처럼 임영웅의 노래를 흥얼거렸다. 그러자 한 사람이 "임영웅 팬이신가 봐요?"라고 물었다. "영웅이를 만나는 것이 꿈이자 소원이며, 임영웅의 열렬한 팬으로 살아간다."고 말했다.

영웅이를 만나기 위해 TV 방송 출연도 시도해 보고 싶다고 했다. 나의 존재를 영웅이에게 알리고 싶다고도 했다. 그러자 축구와 버스 운전, 텃밭 가꾸기 등 특이한 삶을 살고 있으니 「인간극장」에 출연해 보라고 권유를 하는 것이다. 사실 예전에 「인간극장」에 출연 신청을 낸 적이 있었다. 방송국에서는 가족 모두가 출연에 동의해야 5부작으로 제작될 수 있다고 했다. 출연에 대한 가족들의 반응을 묻는 질문이 있었다. 가족들이 부끄럽고 창피하게 생각한다고 답하자 거절당했다. 언젠가 꼭 방송에 출연하고 싶다는 생각은 여전했다. 방송에 출연하여 영웅이를 만나고 싶다고 말하면 가능할 수도 있겠다는 생각이 들었다. 이런 것을 보면 나는 확실한 임영웅의 열렬한 팬임이 분명하다.

이천에서 집으로 돌아오는 길, 내내 임영웅으로 이야기꽃을 피웠다. 생기 넘치는 나를 보며 함께 있던 축구 회원들은 열심히 사는 모습이 보기 좋다고 했다. 꿈은 반드시 이루어질 거라며 응원해 주는 회원도 있었다. 꿈이 이루어질 거라는 말에 가슴 벅찬 감동이 밀려왔다. 꿈이 있어 피곤한 줄도 모르고, 게으름 피울 틈도 없이 살아가고 있나 보다.

임영웅이 대체 어떤 존재이기에.

지금의 임영웅이 있기까지는 어릴 적부터 끊임없는 노력과 인내와 성실함과 부지런함과 좋은 인성으로 살아온 결과인 듯하다. 그 모습이 좋아 난 덕후가 되었는지 모른다. 닮고 싶은 존재이기도 하다.
　임영웅의 열심히 사는 모습을 요즘 젊은이들이 보고 느낄 수만 있다면 참 좋겠다는 생각을 가끔 해보곤 한다.

⭐ 방송에 출연하다

그리고 6개월 후.

어느 날, 축구 회원으로부터 방송국 작가라는 사람에게 연락이 왔다는 소식을 들었다. 50대 여성 중 축구도 즐기며 무릎이 건강한 사람을 찾는다는 것이었다. 다들 바빠서 출연이 어렵다고 했다. 출연할 의향이 있다면 나에게 나가보라고 권유했다. 정말이지, 듣던 중 반가운 소식이었다. 작가 연락처를 알려주면 통화해 보겠다고 했다. 그렇게 작가와 통화가 이루어졌고, 꿈에도 그리던 방송 출연이 현실이 되었다. 버스 운전기사라는 직업에, 텃밭도 가꾸고 축구도 열심히 하는 모습이 인상적이라는 평을 들었다.

열심히 살아온 삶 덕분일까! 이런 기회가 찾아올 줄 누가 상상이

나 했을까! 내세울 것 없는 내가 방송에 출연하게 되다니.

첫 방송 출연은 스튜디오 촬영으로 진행되었다. 그 촬영을 위해 추운 겨울, 영하 10도의 날씨에도 아파트 운동장에서 땀을 흘리며 촬영 준비를 했다. 파카 점퍼가 흠뻑 젖을 정도였다. 스스로 생각해도 나의 열정은 정말 대단했다. 그토록 뜨거운 열정이 어디에서 솟아나는지 나조차 궁금할 정도였다. 그렇게 처음 방송에 나온 내 모습을 보니 부끄럽고 창피했지만, 꿈만 같았다. 그토록 바라던 방송 출연의 꿈이 드디어 이루어진 것이다. 성실하게 살아온 것에 대한 보상이라는 생각이 들었다.

방송 출연 후기를 블로그에 포스팅했다. 그 후, 여러 방송작가들에게서 연락이 쇄도했다. 돌이켜 보면 블로그의 영향력이 적지 않음을 알 수 있었다. 우연히 시작한 블로그는 내 삶의 활력소가 되었고, 또 다른 꿈을 꾸게 해주었다. 블로그가 아니었다면 나는 지금과는 또 다른 삶을 살고 있을 것이다.

첫 방송 후, 두 번째 촬영에서는 운동장에서 축구하는 모습과 텃밭에서 채소를 가꾸는 모습을 촬영했다. 일상생활에서 건강한 모습을 보여줘야 했다. 과거 아팠던 때와 비교하면 지금은 매우 건강한 상태다. 건강하지 않으면 삶의 의욕 저하는 물론, 우울감을 얻고 자신감까지 잃게 된다. 방송 출연은 건강이 최우선임을 다시금 깨닫게 해준 계기가 되었다. 건강을 챙기기 위해 꾸준히 노력하며 살아온 듯하다. 방송 출연 이후 나의 존재감이 더욱 높아진 듯했다. 버스 운전 중 나를 알아보는 승객도 있었다. 특히 학생들이 TV에 나온 기사님이라며 자기들끼리 이야기하는 것을 여러 번 들었다. 운전하는 나를 밖에서 본 여러 학생들이 똑같이 거수경례를 하기도 했다.

그 후에도 몇 번의 방송 출연이 있었고 앞으로도 계속해서 방송 출연 제의가 오지 않을까 싶다. 건강해야만 가능한 일이기에 앞으로도 건강을 지키기 위해 꾸준한 노력이 필요할 것 같다.

그러나 임영웅을 만나기 위해선 몇 번의 방송 출연으로는 나의 존재감을 알리기에 부족함이 적지 않다고 생각했다. 그래서 생각한 또 하나가 있었다.

책을 출간하다

　블로그를 운영하며 몇 년 동안 버스에 관한 글을 수십 편이나 올렸다. 블로그에 올린 글들이 적잖은 영향력을 지녔음을 알게 되었다. 내가 쓴 글 중 버스 관련 글들의 조회 수를 통해 이를 확인할 수 있었다. 준공영제 시행 후 버스 회사 입사 희망자가 늘면서 버스에 대한 관심도 더욱 높아진 듯했다. 그러던 어느 날, 문득 마구잡이로 올린 글들을 모아 책으로 엮어보면 어떨까 하는 생각이 들었다. 책을 출간하여 큰 수입을 기대하기는 어렵겠지만, 나를 알리는 좋은 기회가 될 것이라 믿었기에 책 쓰기에 도전했다.

　버스 운전을 경험하지 않은 사람은 결코 알 수 없는 것들이 있다. 나는 버스 기사이기에, 실제 운전하며 느끼는 감정과 끊이지 않는 버스 사고에 대해 누구보다 잘 안다고 생각했다. 또한 몇 년간 버스를 운전한 경험으로 연료 소모를 줄이는 방법에 대해서도 조금은 알 수 있었다.

2023년 무더운 여름, 책을 써야겠다고 마음먹었다. 주변 몇몇 지인들에게 조만간 책을 쓸 것이라고 이야기까지 했다. 왜 그런 말을 했는지 모르겠지만, 이야기한 것을 후회하지는 않았다. 뱉은 말에 책임을 지면 된다고 생각했다. 그래서 무슨 일이 있어도 책을 꼭 써야만 했다. 입으로 뱉은 말에 책임을 지지 못하면 우스운 사람이 될 수도 있다는 생각이 들었다. 그래서 책을 쓰기로 더욱 굳게 마음먹었는지 모른다.

여름에는 텃밭 일로 겨를이 없어 시작하지 못하고, 어떻게 쓸지에 대한 구상만 거듭했다. 문득 괜찮은 내용이 떠오를 때면 메모지에 적어두곤 했다. 버스 운전 중일 때 가장 번뜩이는 아이디어가 떠올랐다. 떠오르는 대로 적어둔 메모가 꽤나 됐다.

바쁜 여름이 지나고 어느덧 11월이 되었다. 김장과 텃밭 농사를 모두 끝마치고, 계획했던 대로 책을 쓰기로 마음먹었다. 평생 책을 많이 읽지 않고 살아왔기에, 막상 책을 쓰려니 어떻게 시작해야 할지 막막하기 그지없었다. 그래서 책 쓰는 방법에 대해 SNS를 검색해 보았다. 며칠 동안 검색하고 유튜브를 보면서 하나씩 알아갈 때마다 설렜고, 할 수 있겠다는 자신감도 조금씩 생겨났다. 책을 쓰는 데 목차를 구성하는 것이 매우 중요하다고 했다. 목차를 잡는 데만 한 달 남짓 걸린 듯하다. 목차를 완성하고 나니 벌써 책을 반이나 쓴 듯한 기분이었다.

글을 한 줄 한 줄 써 내려가면서 나 또한 배움을 얻고 있었다. 인생에 배움에는 끝이 없다더니, 책을 쓰면서 또 다른 세계를 알아가고 있었다.

농사를 쉬는 겨울이었기에 책 쓰는 데 더욱 몰두할 수 있었다. 근무일에는 버스 운전을, 휴무일에는 볼일과 집안일을 하면서 틈틈이 책 쓰는 시간으로 옹골차게 채워 넣었다. 블로그는 일주일에 한두 번 포스팅하기도 어려울 정도로 시간을 내기 어려웠다. 그렇게 겨울 내내 책 집필에 몰두했다. 그러다 농사철이 시작되는 2024년 3월이 되자 다시금 분주해지기 시작했다. 농사는 때에 맞춰 밭을 갈고, 씨를 뿌리고, 가꾸고, 수확해야 한다. 농사일과 집안일을 병행하며 틈틈이 책 집필에 매진하며 지냈다.

주변 사람들은 쉴 새 없이 바쁜 나를 보며 잠은 제대로 자는지 걱정한다. 나는 어릴 때부터 잠이 많았고, 어른이 된 지금도 잠이 부족하면 일상에 지장이 있기에 남들만큼은 자려고 노력한다. 몹시 피곤하고 졸릴 때는 남들보다 오히려 더 많은 잠을 청하기도 한다. 잠을 안 자는 것이 아니라, 해야 할 일이 많아 시간이 부족해 못 자는 것에 가깝다. 그렇다면 직장 생활을 하면서 축구, 텃밭 가꾸기, 블로그 운영은 물론 가끔 방송 출연에 책까지 쓸 시간이 어디 있냐고 묻기도 한다.

그럴 때마다 나는 이렇게 답한다. 남들이 누워서 뒹굴거리거나, TV를 보거나, 술과 커피를 마시거나, 고스톱, 당구, 골프를 치거나, 모여서 수다를 떨거나, 영화, 드라마, 유튜브를 보거나, 카톡, SNS를 하는 그 시간을 활용해 나는 내 꿈을 향해 하나씩 도전해 나간다고 답한다. 아무리 작은 것이라도 성취감을 맛보면, 작든 크든 또 다른 목표, 새로운 꿈을 향해 도전하기가 한결 쉬워진다. 그래서 남들이 여가 시간을 즐기는 모습이 부러울 법도 하지만, 나는 전혀 그렇지가 않다. 사람들을 좋아해 블로그를 시작하기 전에는 많은 사람들을 만나 즐거운 일상을 보내기도 했다. 하지만 혼자서도 꿈과 목표를 위해 산다면 충분히 흥미로운 삶을 살 수 있음을 깨달았다. 언젠가 정말 혼자 남을지 모르는 날을 대비해 어쩌면 혼자 사는 법을 배우고 있는지도 모른다.

책을 즐겨 읽지 않아 평생 몇 권 읽지 않았고, 배움도 부족하고 경험도 없어 책을 쓰는 것은 결코 쉬운 일이 아니었다. 그래도 다행인 점은 초등학교 시절부터 자신 있게 잘하는 것이 하나 있었다. 공부는 못했지만, 받아쓰기와 글씨 쓰기만큼은 누구보다 자신 있었다. 학교 통지표를 보면 전 학년, 전 학기 모두 "글씨를 매우 잘 씁니다."라고 기록되어 있을 정도다. 이제 와서 돌이켜 보니 그것이 내 삶의 자존감을 높여주는 근원이었을지도 모른다는 생각이 문득 스친다. 하지만 글을 잘 쓰는 친구들을 보면 은근히 부러움을 느끼곤 했다.

초등학교 시절 받아쓰기와 글씨 쓰기를 잘했던 경험은 책을 쓰는 데 작게나마 도움이 되었다. 더불어 몇 년간 블로그에 꾸준히 글을 올린 것이 글쓰기 연습에 큰 도움이 되었던 것 같다. 잠재되었던 것들이 하나둘씩 드러나는 듯했다. 어떻게든 책을 계속 써 내려가다가도 숨이 멎는 듯 진도가 나가지 않아 멈춰 설 때도 있었다. 책을 쓰기 버겁거나 싫증이 날 때는 책이 출간된 후 벌어질 상황들을 상상하며 한 글자씩 써 내려갔다. 내 이름으로 출간될 책을 생각하니 가슴이 두근거리고 뿌듯함이 밀려왔다. 그러나 책을 쓰는 동안 불안하고 조바심 들 때가 있었다. 버스 사고 감소 방법과 연료 절감에 대한 책을 쓰고 있는데, 책이 출간되기도 전에 혹시나 나에게 불행한 일이 생길까 봐 두려움과 걱정이 앞설 때가 종종 있었다. 버스 사고를 줄이기 위해서는 그 책이 반드시 세상에 나와야 한다고 생각했기 때문이었다. 집필 중인 책이 세상에 나오면 끊이지 않는 버스 사고를 줄일 수 있다는 확신이 있었기에 포기하지 않고 계속 써 내려갔다. 그러한 열망이 있었기에 나는 멈추지 않고 책을 쓸 수 있었는지 모른다.

어린 시절 시골에서 자란 나는 촌스러운 외모에 잦은 햇볕 노출로 늘 검게 그을린 얼굴이었다. 이름마저 촌스러워 어린 시절부터 남들에게 무시당한다는 생각을 하며 살았던 것 같다. 어쩌면 그것은 열등감이었을지도 모른다. 배움이 짧았던 탓에 그 마음은 나이가 들어 최근까지도 이어졌다. 결국 평생을 함께한 이름을 1년 전에 바꾸면서 열등감은 조금씩 희미해지는 듯하다. 촌스러운 나를 은연중에 무시하는 사람들이 있었을지도 모른다는 생각은 늘 마음 한편에 자리했다. 그렇기에 책을 출간하여 또 다른 나를 보여주고 싶다는 강렬한 욕망이 있었는지 모른다. 그 욕망은 잠시 휴식을 취하려던 나를 벌떡 일으켜 세우곤 했다. 돌이켜 보면 열등감이라는 감정을 꼭 부정적으로만 바라볼 필요는 없다고 생각이 든다.

꿈이 있다는 것은 곧 욕망을 품고 있다는 의미일지 모른다. 꿈을 이루려면 욕망을 품고 욕심을 내어 노력해야 한다. 꿈은 결코 하루아침에 이루어지지 않는다. 꿈을 이루려면 명확한 목표 설정이 중요하다. 어떤 방향으로 나아갈지 심사숙고해야 한다. 꿈을 이루려면 꾸준한 노력과 인내는 필수다. 작은 목표부터 세워 하나씩 달성해 나가는 것이 중요하다. 꿈을 이루는 과정에서 실패를 경험할 수도 있다. 실패는 성공의 어머니라는 말처럼, 성장의 밑거름이 된다. 실패를 통해 다시 도전하고, 여러 번 실패를 겪으며 더 많은 경험을 쌓게 된다. 그러므로 실패를 두려워 말고, 그 경험에서 무엇을 배울 수 있을지 숙고해야 한다. 꿈을 이루려면 긍정적인 마음가

짐이 중요하다. 꿈은 시간이 걸리더라도 포기하지 않고 노력하면, 이룰 가능성이 커지는 게임과 같다. 어떤 꿈이든 힘든 순간에도 긍정적인 마음으로 포기하지 않아야 비로소 꿈을 이룰 수 있다.

내 꿈은 임영웅을 한번 만나는 것이다. 그렇기에 임영웅 '덕후'로 살아온 지도 벌써 몇 년이나 된 듯하다. 그것은 곧 꿈이자 간절한 소망이다. 그것은 또한 나의 절대적인 목표이기도 하다. 포기하지 않고 살아가다 보면 언젠가 임영웅을 만날 수 있다고 굳게 믿는다.

그래서 블로그 활동도 열심히 하고, 임영웅을 팔로우하여 인스타그램과 페이스북에 틈틈이 댓글을 달기 시작했다. 임영웅의 페이스북 계정은 관리가 잘되고 있는 듯하다. 댓글을 꾸준히 단 덕분에 일주일에 한 번씩 다음과 같은 알림이 뜬다. "전체 공개 되는 임영웅 님의 주간 참여 리스트에 이름을 올리셨습니다.", "임영웅 님의 공개 참여 리스트에 연속해서 이름을 올리셨습니다!"라고.

임영웅 '덕후'로서 그를 만날 기회를 만들려면 내 존재를 알리는 것만이 최선이라고 여겼다. 그렇기에 방송 출연도 꾸준히 희망했고, 책 출간 또한 간절히 원했던 것이다. 피곤하고 귀찮아 쉬고 싶다가도, 임영웅은 나를 벌떡 일어나게 하는 존재였다.

드디어 2024년 7월, 버스에 관련된 책을 출간하게 되었다. 책 내용을 보면 '이게 무슨 책인가' 할 수도 있다. 왕초보 저자로 문장

력은 형편없지만 직접 버스를 운행하며 형식적인 내용이 아닌, 실전에서 느낀 감정을 100% 그대로 표현했다. 그 누구도 그런 내용의 글을 쓸 수는 없을 것이다. 진실을 쉽게 말할 수 없는 노선버스 운행을 직접 경험한 사람만이 느낄 수 있는 감정을 표현했다고 할 수 있다. 책을 쓴 근본적인 목적은 끊이지 않는 버스 사고를 줄이고, 기름 한 방울 나지 않는 우리나라 자동차의 연료 소비를 조금이라도 줄여보자는 데 있었다. 그래서 버스 운행에 대한 비판적인 내용 또한 상당 부분 담겨 있다. 그렇게 출간된 책은 버스 관련 서적이기에, 읽는 사람이 한정될 수밖에 없다. 그 책을 출간한 지 1년이 지난 지금, 서울 버스 전용도로를 운행하다 보면 예전과는 사뭇 다른 운행 패턴을 느낄 수가 있다. 예전에는 서울 버스 전용도로에서 일어나는 버스 사고를 자주 목격하곤 했다. 그런데 최근에는 사고 목격이 거의 없다. 내가 쓴 책과 블로그의 영향력 덕분은 아닐까 하는 생각을 해 본다. 책에 쓰인 대로 운행 패턴이 서서히 바뀌고 있음을 느낄 수 있기 때문이다.

  버스 관련 서적은 독자층이 한정적이다. 그러나 이번에는 누구나 읽을 수 있고, 지독한 게으름도 고칠 수 있다는 내용의 책을 집필 중이다. 직장 생활뿐 아니라 이것저것 할 일이 많아 바쁘고 피곤할 때도 있지만, 꿈을 생각하면 즐거울 때가 더 많다. 꿈을 이루고자 하는 마음이 강렬하면 몸은 자연스레 움직이게 마련이다. 게으름을 피우는 시간이 아깝게 느껴진다. 그러므로 꿈이 있는 사람은 부지런히 살아감으로써 활기찬 삶을 누리게 된다.

　임영웅의 열렬한 팬으로서 꼭 한번 만나겠다는 목표를 세우고, 그동안 누구보다 바쁘고 열정적으로 살아왔다고 자부한다. 그 때문인지 상상조차 할 수 없었던 놀라운 일들이 하나둘씩 내게 일어나고 있다. 그럴 때마다 놀랍기도 하고, 하루하루를 헛되이 보내지 않고 충실하게 살아왔음을 인지하게 된다. 만약 꿈과 목표가 없었다면 잠이 많은 난 많은 잠을 자면서 시간을 허비했을지도 모른다. 아무것도 하지 않고 가만히 있으면 여전히 잠이 쏟아지기 때문이다.

6

나는
어떤 사람인가

나는 가난한 시골 농부의 딸로, 7남매 중 여섯째, 셋째 딸로 태어났다. 어린 나이에도 우리 집안 형편이 넉넉지 않음을 알 수 있었다. 고된 농사일에도 집안 형편이 나아지지 않는다는 사실을 깨달았다. 고등학교 진학은 꿈도 꿀 수 없는 형편이었다. 중학교를 졸업하자마자 부모님께 힘이 되고자 일찍이 공장 생활을 시작했다. 열일곱 어린 나이에 들어간 첫 직장은 섬유 회사에서 베를 짜는 일이었다. 주야 2교대로 한 주는 주간 근무, 다음 한 주는 야간 근무였는데, 야간 근무 주에는 무려 91시간을 일해야 했다. 지금으로서는 상상조차 할 수 없는 근무 조건이었다. 야간 91시간 근무는 일요일부터 토요일까지 7일 내내 하루 13시간씩 일하는 것을 의미한다. 저녁 7시부터 다음 날 아침 8시까지 근무했던 것이다. 주간 근무는 월요일부터 토요일까지 6일 동안 하루 11시간씩, 총 66시간을 근무하는 방식이었다. 1년 365일, 공휴일에도 쉬는 날은 단 하루도 없었다. 그나마 토요일 밤 7시에 출근하여 일요일 오전 8시에 퇴근한 후, 월요일 오전 출근 전까지가 유일하게 쉴 수 있는 시간이었다. 잠이 많았던 나는 아무리 자도 졸음이 쏟아져, 잠과의 힘겨운 싸움을 벌이며 공장 생활을 이어갔다. 퇴근 후 다음 날 출근을 위해 잠을 자고 식사를 챙기며 집안일을 조금 하는 것 외에는 다른 일을 할 수가 없었다. 1980년대 말 그 당시, 내가 일하던 개통 섬유 회사의 베 짜는 공장들은 습도와 온도가 중요하다는 이유로 기계를 멈추지 않고 계속 가동시켰다. 그 때문에 근로 시간은 더욱 길어질 수밖에 없었다. 그 후 몇 년이 지나면서 점차 전체적으로 3교대 근무로 바뀌어 갔다.

나의 첫 공장 생활은 베 짜는 기술이 필요했을 뿐 아니라 근무 시간도 매우 길었고, 임금 또한 높지 않아 근무 조건은 최악이었다. 다른 개통 섬유 회사의 근무 조건은 그나마 나은 편이었고, 또 다른 회사들과 비교해 봐도 내가 근무하던 섬유 회사의 근무 조건이 최악이었다. 하지만 나의 첫 직장이 그러한 곳이었음을 긍정적으로 받아들이기로 했다.

그 후 사회생활을 잘 버틸 수 있었던 이유는 처음부터 힘들고 어려운 공장 생활을 경험했기에 어떤 회사를 가더라도 두려울 것이 없었다. 섬유 회사에서 7년 정도 근무한 후, 자동차 하청업체에 입사했다. 그곳 역시 하루 주야 2교대 근무였다. 함께 근무하는 근로자들은 대부분이 힘들어했다. 하지만 나에게는 더할 나위 없이 좋은 회사였다. 섬유 회사와는 비교조차 할 수 없는 회사였기 때문이다. 당시 내가 입사한 자동차 하청업체는 토요일은 오전 근무 하고, 일요일과 공휴일은 모두 휴무였고, 보너스와 급여도 높아 매우 만족하며 근무했다. 세상에 이런 회사도 있구나 감탄하며 즐겁게 직장 생활을 했다.

어릴 적부터 힘든 농사일과 집안일에 시달렸던 터라, 섬유 회사에서의 고된 생활도 잘 버틸 수 있었다. 자동차 하청업체의 일은 훨씬 수월하게 느껴졌다. 그래서 내 일, 동료의 일 가리지 않고 발 벗고 나서서 했던 것 같다. 그랬더니 입사한 지 얼마 되지 않았음에도, 직원 800여 명이나 되는 회사에서 나를 모르는 사람이 없을 정도였다. 나에게 먼저 다가와 인사를 건네는 동료들도 많았다. 모르는 사람이 인사를 하면 "저를 아시나요?"라고 물으면 나를 모르면 간첩이라고들 했다. 여러 부서의 부장님, 대리님들께서도 나를 알아보고 칭찬과 응원을 아끼지 않았다. 회사에서 나를 인정해 준다는 생각에 나의 자존감과 자신감은 솟아났다. 그때부터 어디에서든 인정받고 싶다는 마음이 내면 깊숙이 자리 잡은 듯하다.

몇 년 후 결혼과 함께 회사를 그만두게 되었다. 결혼 후 두 아이를 낳고 몇 년간 전업주부로 지냈다. 생활 형편이 그다지 좋은 상황은 아니어서 직장 생활을 결심했을 때, 친구의 권유로 보험 일을 시작하게 되었다. 아이들을 돌보며 할 수 있고 활동적인 직업이라 보험 일이 처음엔 적성에 맞았다. 하지만 보험 가입을 권유하며 아쉬운 소리를 해야 한다는 점이 나를 초라하게 만들었다. 열심히 노력했지만, 인정받지는 못했다. 인정을 받아야 일도 즐거울 텐데, 그다지 재미를 느끼지 못했다. 몇 년 후, 보험 일에 지쳐갈 때쯤 지인의 권유로 영업용 용달을 시작했다. 수입은 많지 않았지만, 적성에는 잘 맞았다. 여자가 용달을 한다니, 주위에서는 놀라운 눈빛을 보내곤 했다. 수입은 적었지만, 어쩌면 그 시선이 좋아 꼬박 3년을 버텼는지도 모른다.

나도 남들처럼 잘 살고 싶었고, 미래는 꼭 행복해야 한다고 생각했기에 무언가 해야만 했다. 용달 일을 3년 하다가 식당에서 밥 배달도 6개월간 했다. 그러다 다른 일자리를 찾아 교차로와 벼룩시장 전단지를 보던 중, 마을버스 기사 구인 광고(초보자 환영)를 보고 버스 운전을 시작했다.

지금까지 하고 있는 버스 운전은 내 인생의 전환점이 되었다. 버스 운전을 하면서 집안 형편도 나아지기 시작했고, 많은 사람들이 인정해 주는 듯해서 좋았다. 특히 처음에는 아니었지만, 가족들이 인정해 주는 것이 무엇보다 기뻤다. 버스 운전을 시작한 지 5년쯤 되었을 때, 블로그조차 몰랐던 내가 블로그를 시작한 건 엄청난 행운이었다. 블로그 덕분에 꿈과 목표가 생겼기 때문이다.

어느 순간부터 아무것도 하지 않고 가만히 있으면 불안, 초조함과 함께 우울 증세가 나타나곤 했다. 친정엄마를 여읜 후 증세가 심해질 무렵, 텃밭 농사와 블로그를 시작하면서 우울감이 비집고 들어올 틈 없이 부지런해졌고 인생의 활력을 되찾았다. 몇 년간 블로그를 운영하며 방송 출연도 여러 번 하고, 책도 출간하게 되었다. 그런데 방송 출연과 책 출간한 데는 또 다른 목적이 있었다. 나는 임영웅을 좋아하는 50대 중반의 평범한 아줌마다. 언젠가 임영웅을 한 번이라도 만나는 것이 꿈이자 목표이고 소원이다. 나를 알리고 싶은 마음으로 방송에 출연하고 책을 냈던 것이다. 누구나 꿈과 목표를 가지고 살면 게으름을 떨쳐낼 최고의 동기가 된다는 것을 나는 알고 있다. 포기하지 않는다면 언젠가 꿈이 이루어질 것이라고 굳게 믿으며, 나는 또 다른 한 권의 책을 집필 중이다.

7

노후에는 어떠한 삶을
꿈꾸며 살 것인가

곰곰이 생각해 보면 인생은 별다를 게 없는 듯하다. 잘났든 못났든, 돈이 많든 적든, 예쁘든 못생겼든, 누구나 하루 세 끼를 먹으며 살아가는 건 똑같다. 누구나 아침에 일어나 낮 동안 활동하고, 저녁이면 잠자리에 들고, 또 다음 날이면 다시 일어난다. 그렇게 매일 반복된 삶을 살다 때가 되면 낙엽처럼 사람도 스러지는 것이다. 자연의 이치이므로 두려워할 필요도 없다. 그러나 누구나 원하는 삶은 건강하고 즐겁고 행복하게 오래도록 사는 것일 것이다.

우리나라 평균 수명이 늘어남에 따라 경제력 없는 노인인구는 점점 늘어나는 추세다. 인구가 줄어드는 이유로 경제 활동을 할 수 있는 한 사람 한 사람이 소중한 시대에 우리는 살고 있다. 시간이 흐를수록 지금보다 더 심각한 상황을 겪을 것이 분명하다. 그러나 나이 들어 누구나 아픈 건 당연하지만, 각자 스스로 건강을 잘 지켜 남의 도움 없이 사는 사람이 많을수록, 남의 도움을 필요로 하는 사람이 적을수록, 건강한 사람이 많을수록, 밝고 건강한 사회를 만들 수 있다. 그 까닭은 평균 수명이 짧았을 때와는 달리 평균 수명이 늘어남에 따라 요양원, 요양병원에서의 인력이 충원되어야 하기 때문이다. 그 인력이 다른 경제 활동에 투입되어야만 한다. 그래서 노후에도 각자가 행복하고 밝고 건강한 사회를 만들려면, 국민 한 사람 한 사람이 젊어서부터 각자의 건강을 챙기는 노력을 기울여야 한다.

평균 수명은 꾸준히 증가하고 있는 것이 현실이다. 아직 평균 수명이 100세에 이르지는 못했지만, 앞으로 25년 뒤인 2040년에 환갑을 맞는 사람들의 기대 수명은 100세를 넘어설 것이라는 통계를 본 적이 있다.

환갑을 기준으로 살아온 시간만큼 노후를 보내야 한다면, 노년의 삶을 어떻게 꾸려갈지 고민하지 않을 수 없다. 노후에 대한 확고한 꿈이 있다면, 젊고 건강할 때부터 하나하나 계획하고 준비해야 한다. 나이 들어 후회하지 않으려면 젊어서부터 몸이 병들지 않도록 건강을 챙겨야 한다. 그래야만 취미도, 하고 싶은 것도, 꿈꿔왔던 일도 사랑하는 사람들과 즐거운 시간을 보낼 수 있다. 건강하지 않은 몸은 타인에게 짐이 될 수밖에 없다. 자식이라도 대가 없는 짐을 지려 하지 않을 것이다. 경제적 자유는 마음의 평화를 얻을 수 있기에 그 또한 젊어서부터 준비해야 한다. 노후에 좀 더 행복한 삶을 꿈꾼다면 젊어서부터 게으름 피우지 말고 부지런을 떨어야 한다.

나의 행복도 불행도 모두 내가 만드는 것이다. 노후에 더 행복한 삶을 꿈꾼다면, 행복의 가치관은 사람마다 다를 수 있지만 건강과 경제적인 면에서의 준비는 기본적으로 갖춰져 있어야만 한다. 그래야만 삶의 질이 높아질 뿐 아니라 행복지수 또한 높아질 수 있다. 건강이 좋지 않아 자유로운 활동이 어렵거나 경제적으로 준비가 되지 않았다면, 긴 노후 생활이 행복할 리 없다. 그러므로 젊을 때부터 건강을 챙기며 노후 준비를 시작해야 하는 것은 당연하다. 긴 노후에 건강해서 경제 활동을 하며 사는 것이 행복이라면, 그렇게 살아가는 것도 나쁘지는 않다.

노후 준비가 되었다면 어떤 삶을 살아야 행복할까!

경제 활동을 하지 않는 노년에는 좋아하는 취미나 하고 싶은 일이 반드시 있어야 한다. 만약 취미가 없거나 하고 싶은 일이 없다면 새로운 관심사를 찾아 나서야 한다. 무엇이든 남에게 피해를 주거나 사회에 어긋나지 않는다면 하고 싶은 일을 하는 것이 좋다. 취미는 삶의 활력이 될 뿐만 아니라 자연스레 몸을 움직여 건강을 유지하는 데 도움을 준다. 노년에는 작고 소소한 일상에서 행복을 느낄 수 있다면 그것이 더할 나위 없는 행복이다. 예를 들면, 작은 텃밭을 가꾸며 자라나는 채소를 보며 즐거움을 느끼거나, 직접 키운 채소로 건강한 밥상을 차려 이웃과 나누는 삶 또한 진정한 행복일 수 있다.

무료하게 시간을 보내기보다는 자원봉사나 커뮤니티 활동에 참여하여 사회와 관계를 맺는 것도 좋은 방법이다. 의미 있는 시간을 보내고 새로운 사람들을 만나는 기회가 되기도 하므로, 그것이 곧 행복한 생활이 될 수 있다.

때로는 여행을 통해 새로운 경험을 쌓고 다양한 문화를 접하는 것 또한 멋진 노후 생활의 일부가 될 수 있다. 가족이나 사랑하는 사람들과 함께 시간을 보내는 것 또한 작지 않은 행복이다.

인생은 누구에게나 단 한 번의 기회뿐이다. 삶이 운명이든 아니든, 어떻게 살아갈지는 각자가 결정한다. 게으름 속에 아무것도 하지 않으면, 아무 일도 일어나지 않는다. 그렇게 되면 노후에 행복한 삶을 누리기 어려워질 수 있다. 누구에게나 행복하게 살 권리는 있다. 그 권리는 각자 스스로가 찾아야 한다. 더 행복한 삶을 꿈꾼다면, 꿈과 목표를 설정하고 실현 가능하도록 노력하는 것이 마땅하다. 그래야 행복하게 살아갈 확률이 훨씬 높아질 수 있기 때문이다.

원래 게으른
사람은 없다

초판 1쇄 발행   2025. 11. 30.

지은이   임주영
펴낸이   김병호
펴낸곳   주식회사 바른북스

편집진행   황금주
디자인   김효나
마케팅   송송이 박수진 박하연

등록   2019년 4월 3일 제2019-000040호
주소   서울시 성동구 연무장5길 9-16, 606호 (성수2가, 블루스톤타워)
대표전화   070-7857-9719 | **경영지원**   02-3409-9719 | **팩스**   070-7610-9820

• 바른북스는 여러분의 다양한 아이디어와 원고 투고를 설레는 마음으로 기다리고 있습니다.
이메일   barunbooks21@naver.com | **원고투고**   barunbooks21@naver.com
홈페이지   www.barunbooks.com | **공식 블로그**   blog.naver.com/barunbooks7
공식 포스트   post.naver.com/barunbooks7 | **페이스북**   facebook.com/barunbooks7

ⓒ 임주영, 2025
ISBN 979-11-7263-686-9 03810

• 파본이나 잘못된 책은 구입하신 곳에서 교환해드립니다.
• 이 책은 저작권법에 따라 보호를 받는 저작물이므로 무단전재 및 복제를 금지하며,
  이 책 내용의 전부 및 일부를 이용하려면 반드시 저작권자와 도서출판 바른북스의 서면동의를 받아야 합니다.